辻村みよ子・三浦まり・糠塚康江 編著

女性の参画が
政治を変える

―候補者均等法の活かし方―

信山社

はしがき

日本の政治を変え，男女共同参画を実現するために，2018（平成30）年5月に「政治分野における男女共同参画の推進に関する法律」(いわゆる候補者均等法)[(1)] が制定された。

この法律は，議会議員の選挙において，男女の候補者数ができる限り均等となることを目指すことを基本原則とし，政党その他の政治団体が自主的に取り組むよう努めることを定める。ようやく成立したこの法律を活かすことが，いまこそ求められている。

そこで，政治分野の男女共同参画を実現し，「男女がともにつくる民主政治」を展望するため，日本学術会議法学委員会ジェンダー法分科会が主催者となり，2019年4月に日本学術会議講堂でシンポジウムを開催した[(2)]。その第1部では，候補者均等法の意義と可能性について研究者等が報告し，第2部では，各政党の代表者たちによるパネル・ディスカッションを実施した。

第1部の報告者の依頼にあたっては，候補者均等法の対象が国会だ

---

(1) 「政治分野における男女共同参画の推進に関する法律」平成30年法律第28号。本書189頁，参考資料篇資料1(1)参照。本書のタイトル及び本文では，読みやすさも考慮して，「候補者均等法」という一般的な呼称を用いている。

(2) 2019年4月6日日本学術会議シンポジウム「男女がともにつくる民主政治」は，日本学術会議法学委員会ジェンダー法分科会主催，ジェンダー法学会，明治大学専門職大学院法務研究科ジェンダー法センター，クオータ制を推進する会（略称：Qの会），日本学術振興会科学研究費基盤研究C「ポジティブ・アクション実効化のための理論的・比較政策的研究」（研究代表：辻村みよ子）共催，パリテ・キャンペーン実行委員会，お茶の水女子大学ジェンダー研究所「東アジアにおけるジェンダーと政治」研究プロジェクト，科研費基盤研究C「憲法学における共時的なコミュニティ・モデル構築のための基礎研究」（研究代表：糠塚康江），同基盤研究B「女性の政治参画の障壁：国会議員・県連への郵送・ヒアリング調査」（研究代表：三浦まり）の後援で開催された。シンポジウム実行委員は，辻村みよ子・糠塚康江・三浦まりが務め，冒頭の主催者挨拶を三成美保，企画趣旨説明を辻村みよ子が担当した。

けではなく地方議会にも及ぶことから，地方制度審議会で長く委員を務め，地方制度および議会に造詣の深い大山礼子，また議員立法成立促進に文字通り貢献された市民団体「クオータ制を推進する会」（Qの会）から川橋幸子に協力を仰いだ。また，候補者均等法が掲げる人材育成について，実際に女性リーダー養成セミナーを提供している申琪榮，さらには候補者均等法に基づき内閣府男女共同参画局が行った海外調査[(3)]に参加された武田宏子にも加わっていただいた。第1部全体が，候補者均等法の全容を照らし出すものとなっている。そして，第2部のパネリストには，国会論戦でも活躍されている各党のエース級の女性議員がご登壇され，圧巻の光景となった〔本書137頁の写真参照〕。

本書は，このシンポジウムの概要を学術の視点から総括するとともに，当日公表された各政党のアンケート結果や方針を明らかにし，2019年4月の統一地方選挙や同年7月の参議院選挙の結果も視野に入れて，現状と課題を示すことを目指している。

最後に，本書のタイトルについて付言しておきたい。シンポジウムのタイトルは「男女がともにつくる民主政治」であった。これは，候補者均等法の目的が，「男女が共同して参画する民主政治の発展に寄与する」ことに由来する。政治分野における男女共同参画推進法（候補者均等法）は，その名前の通り，男女共同参画社会基本法を基盤として生まれた法律であり，男女共同参画社会基本法がなければその成立は一層困難を極めたことであろう。他方で，法案策定過程においても，「男女」という区分のみしか想定しない文言を避けるべきではないかという議論もあった。しかしながら，2015年当時の議論では，男女共同参画社会基本法の理念を政治分野において推進する理念法を

---

(3)　令和元年版「諸外国における政治分野への女性の参画に関する調査研究報告書」を参照。http://www.gender.go.jp/research/kenkyu/gaikoku_research_2019.html

制定することで合意形成を行い，一歩を踏み出すことになった。

シンポジウムをもとに本書を編集するにあたっては，法律の文言にとらわれるのではなく，候補者均等法によって獲得できたことと，今後の課題として残っていることを意識し，候補者均等法を活かしながらさらなる未来を切り拓くことを切願して，新たなタイトルを付した。問題にすべきは現状の男性中心の議会であり，それを変えていくためには，女性が男性と対等に参画することが不可欠である。その実現に向けて男性の積極的な関わりも期待したい。同時に多様な性に開かれた代表のあり方を探っていきたい。

多くの方々の手に，本書が届くことを願ってやまない。

2020年1月

編者一同

目　次

■執筆者プロフィール（執筆順）

三成美保（日本学術会議副会長・第一部会員，奈良女子大学副学長・研究院生活環境科学系教授）

博士（法学），専門はジェンダー法学・法史学。主要著書に，単著『ジェンダーの法史学――近代ドイツの家族とセクシュアリティ』（勁草書房，2005），編著『同性愛をめぐる歴史と法』（明石書店，2015），『教育とLGBTIをつなぐ――学校・大学の現場から考える』（青弓社，2017），『ジェンダーの比較法史学』（大阪大学出版会，2006），共編著『歴史を読み替える――ジェンダーから見た世界史』（大月書店，2014），共編著『権力と身体』（明石書店，2011），他多数。

辻村みよ子（日本学術会議連携会員，明治大学専門職大学院法務研究科教授，東北大学名誉教授・弁護士）

法学博士，専門は憲法・比較憲法・ジェンダー法学。近著に，『憲法（第6版）』『選挙権と国民主権』（日本評論社 2018），『比較憲法（第3版）』『比較のなかの改憲論』（岩波書店 2018），『憲法改正論の焦点』（法律文化社 2018），『憲法と家族』（日本加除出版），『最新憲法資料集』（信山社，2018）『憲法研究』（編著）（信山社，2017～）等がある。内閣府男女共同参画会議員。

三浦まり（上智大学教法学部授）

政治学博士（Ph.D.）。専門はジェンダーと政治，福祉国家論。主著に「女性政治リーダーをどう育てるか？――政治分野における男女共同参画推進法の活かし方」（申琪榮と共著，『都市問題』2019年1月号），『日本の女性議員：どうすれば増えるのか』（編著，朝日選書，2016），『ジェンダー・クオータ：世界の女性議員はなぜ増えたか』（共編著，明石書店，2014年）等。一般社団法人パリテ・アカデミー共同代表。

糠塚康江（日本学術会議第一部会員，東北大学大学院法学研究科教授）

法学博士，専門は憲法。主要著書に『代表制民主主義を再考する：選挙をめぐる三つの問い』（編著：ナカニシヤ出版，2017），『現代代表制と民主主義』（日本評論社，2010），『パリテの論理―男女共同参画の技法』（信山社，2005）など。

武田宏子（名古屋大学大学院法学研究科教授）

PhD（University of Sheffield）。専門は政治社会学。主な著書・論文にThe Political Economy of Reproduction: Between Nation-State and Everyday Life（London: Routledge Curzon, 2005），「「政党」は「運動」として機能するのか？」立教法学98号，（2018），「Speak for .Who?――ウエストミンスター議会における連立政権と有権者」生活経済政策259号（2018）など。

申　琪榮（お茶の水女子大学大学院人間文化創成科学研究科ジェンダー研究所准教授）

政治学博士。専門は比較政治学，ジェンダーと政治。一社）パリテ・アカデミー共同代表。主要論文に『ジェンダー・クオータ：世界の女性議員はなぜ増えたのか』（明石書店，2014）（第7章）他，クオータ制度，女性の政治代表性，# MeToo運動に関する研究論文多数。

大 山 礼 子（駒澤大学法学部教授）
博士（法学），専門は政治制度論。主要著作に『日本の国会』（岩波新書，2011年），『フランスの政治制度（改訂版）』（東信堂，2013），『政治を再建する，いくつかの方法』（日本経済新聞出版社，2018）など。地方制度調査会委員。

川 橋 幸 子（元参議院議員・Qの会役員）
1961年東北大学法学部卒。旧労働省入省，婦人福祉課長，旧総理府婦人問題担当室長，埼玉県所沢市助役，労働研修所長を経て1991年退官。1992〜2004年参議院議員（2期12年）。引退後NPO法人主宰を経て，2010年〜WIN WIN役員，2012年Qの会役員。主要著書に『女の職場行動学』（朝日ソノラマ，1980），『わかりやすい男女共同参画政策と女性のエンパワーメント』（労働教育センター，1998），『シニアのための国際協力入門』（明石書店，2004）他。

紙 谷 雅 子（日本学術会議連携会員，学習院大学法学部教授）
法学博士，専門は英米法。主要著作に「選挙区画定の主体としての『立法府』要件と独立委員会 The Story of Arizona State Legislature v.Arizona Independent Redistricting Commission（2015）」大林圭吾編著『憲法と民主政』（成文堂，2019年刊行予定），「商標と表現の自由　Matal v. Tam, 582 U.S. ___ , 137 S. Ct. 1744（2017）」学習院大学法学部『法学会雑誌』54巻1号（2018），「パブリック・フォーラム—21世紀と『パブリック・フォーラム』の法理」山本龍彦・大林啓吾編著『違憲審査基準』（弘文堂，2018）など。

廣瀬真理子（日本学術会議第一部会員，東海大学教養学部教授）
学術博士　専門は社会保障法政策学。主要著書に『21世紀のヨーロッパ福祉レジーム』（共著，糺の森書房，2012），『EUを考える』（共著，未來社，2011），『21世紀における社会保障とその周辺領域』（共著，法律文化社，2003）など。

吉 田 克 己（日本学術会議連携会員，北海道大学名誉教授・弁護士）
博士（法学・東京大学），パリ第13大学名誉博士。主要著作に『フランス住宅法の形成』（東京大学出版会，1997），『現代市民社会と民法学』（日本評論社，1999年），『市場・人格と民法学』（北海道大学出版会，2012），『現代土地所有権論』（信山社，2019）など。

■登壇者・パネリスト プロフィール（発言順）
（肩書は2019年4月6日シンポジウム当日のもの）

中川正春衆議院議員（無所属）〔ビデオ出演〕
1950年三重県松阪市生まれ。米国・ジョージタウン大学外交学部卒。国際交流基金職員を経て，1983年より三重県議会議員（3期12年）1996年より衆議院議員。現在8期目。野田内閣において，文部科学大臣，男女共同参画担当大臣等を務める。「政治分野における女性の参画と活躍を推進する議員連盟（超党派）」を設立し，議連会長として，「政治分野における男女共同参画の推進に関する法律」の制定（2018年5月16日成立）に尽力した。

野田聖子衆議院議員（自由民主党）〔ビデオ出演〕

1960年9月生まれ。1983年3月上智大学を卒業し株式会社帝国ホテルに入社。1987年4月岐阜県議会議員選挙に当選，1993年7月第40回衆議院議員総選挙で初当選，1998年7月郵政大臣，2008年8月内閣府特命担当大臣，2012年12月自由民主党総務会長，2016年1月災害対策特別委員長，2017年8月総務大臣・女性活躍担当大臣・内閣府特命担当大臣，2017年10月第48回衆議院議員総選挙で当選9回，2018年10月衆議院予算委員長に就任。

稲田朋美衆議院議員（自由民主党）

1959年，福井県生まれ。早稲田大卒。1985年に弁護士登録。「南京100人斬り競争名誉棄損裁判」などに携わる。2005年衆院選において福井1区で初当選し，現在5期目。行政改革担当相，自由民主党政務調査会長，防衛相等を歴任。2006年より党若手保守政策集団「伝統と創造の会」会長。現在，党筆頭副幹事長兼総裁特別補佐。著書に『百人斬り裁判から南京へ』文春新書（2007）など。

神本みえ子参議院議員（立憲民主党）

福岡教育大学教育学部卒。1970～1991年に小学校教諭として，子供の立場に立った教育と，ともに生きともに学ぶ障害児教育，ジェンダー教育等を実践。以後，日本教職員組合の活を通じて，平和・人権・共生・男女平等の教育研究と運動の推進に取り組む。2001年7月参議院議員初当選，3期目。2011年9月～2012年10月文部科学大臣政務官。現在，参議院文教科学委員会理事，東日本大震災復興特別委員会委員，立憲民主党ジェンダー平等推進本部長，女性候補者擁立推進チーム座長等を務める。

矢田わか子参議院議員（国民民主党）

1965年大阪市生まれ。国民民主党大阪府総支部連合会副代表・国民民主党新緑風会国会対策副委員長。参議院の内閣委員会理事・資源エネルギー調査会理事・決算委員会委員・資源エネルギー調査会委員。1984年大阪府立寝屋川高校卒業。同年，松下電器産業株式会社入社。松下電器産業労働組合中央執行委員，パナソニックグループ労連副中央執行委員長を経て，2016年7月の第24回参議院議員選挙にて民進党比例区で初当選。

竹谷とし子参議院議員（公明党）

1969年北海道標津町生まれ。創価大学在学中に公認会計士試験合格。監査法人，コンサルティング会社執行役員を経て，2010年東京選挙区にて初当選。党女性局長。女性国会議員唯一の公認会計士として特別会計の積立金見直しで毎年７００億円超の税のムダ削減を実現。SDGsに掲げられている食品ロス削減とフードバンクの支援を目的とする超党派議連事務局長。財務大臣政務官，参院総務委員長，災害対策特別委員長等歴任。

田村智子参議院議員（日本共産党）

1965年長野県小諸市生まれ，早稲田大学文学部卒業，2010年参議院議員（比例）となる。厚生労働委員，文教科学委員，決算委員を歴任。現在2期目，議院運営委員会理事，内閣委員。初当選以来，マタニティハラスメント，コース別雇用管理による性差別，非正規雇用労働者・非常勤公務員の処遇改善や雇用の安定，子どもの貧困対策，保育問題などに積極的にとりくむ。　日本共産党幹部会副委員長　家族は夫と一男一女。

行田邦子（こうだくにこ）参議院議員（希望の党）

1965年岩手県遠野市生まれ。東京都出身。平成元年国際基督教大学教養学部卒業後，株式会社旭通信社，ジャーディンワインズアンドスピリッツ株式会社，株式会社電通に勤務。平成19年参議院議員選挙において埼玉県選挙区で初当選。平成25年二期目当選。第186回通常国会参議院消費者問題に関する特別委員会委員長。平成27年2月より超党派「政治分野における女性の参画と活躍を推進する議員連盟」事務局長。希望の党幹事長。

女性の参画が
政治を変える

――候補者均等法の活かし方――

I　企画趣旨―日本学術会議の取り組みから

三成美保

1　日本政治における「ジェンダー不平等」

2019年4月6日，日本学術会議講堂でシンポジウム「『男女がともにつくる民主政治』を展望する―政治分野における男女共同参画推進法の意義」が開催された。当日は，各党から現役議員にご参加いただき，白熱した議論となった。シンポジウムを企画した日本学術会議法学委員会ジェンダー法分科会の委員長として，関係者のみなさまに心から感謝申し上げたい。

なぜ，このシンポジウムを企画したのか。政治分野における「ジェンダー不平等」がいっこうに改善されないからである。「生きる・学ぶ・働く」というわたしたちの日常生活のすべてにわたって，性別による理不尽な差別はあってはならない。しかし，現実には，社会のなかで長く維持されてきた慣行や人々の価値観（「アンコンシャス・バイアス（無意識の偏見）」）のなか

図表1　世界経済フォーラム，ジェンダーギャップ指数（本書16頁参照）

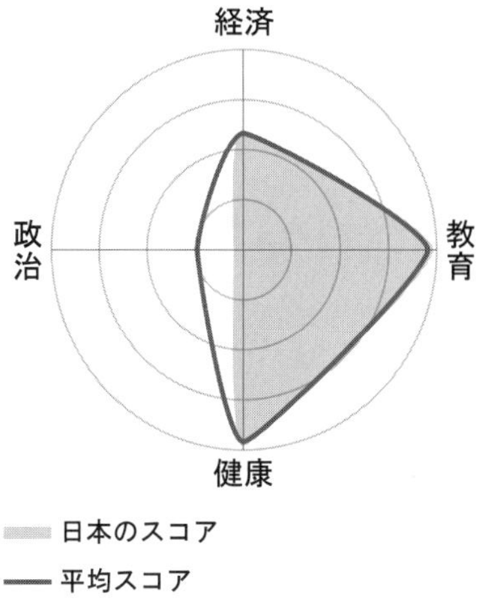

グローバル・ジェンダー・ギャップ指数（2019年）の日本スコア
（出典）World Economic Forum, Global Gender Gap Report 2020, 2019, p.201.

にジェンダー・バイアスが根強く潜み，ジェンダー公正は滞っている。立法機関や行政機関での意思決定におけるジェンダー平等の実現は，真の「民主政治」の根幹をなすのである。

ジェンダー平等が急速に進展している21世紀国際社会のなかで，日本は「ジェンダー平等停滞国」になってしまった。他国との差は開くばかりである。それをもっともよく表すものが，世界経済フォーラムが毎年公表するグローバル・ジェンダー・ギャップ指数であろう。2018年度と2019年度の日本の指数は世界110位と121位であった。詳細については，辻村みよ子「II　日本の現状とポジティブ・アクションの必要性」（本書15頁以下）を参照されたい。

近年，マスコミでは，グローバル・ジェンダー・ギャップ指数の報道は目立たなくなっていた。しかし，今年は，「政治参画の遅れ」として，メディアでもかなり大きく取り上げられた。2018年5月に「政治分野における男女共同参画推進法」，いわゆる「候補者男女均等法」（以下，候補者均等法）が成立し，2019年4月の統一地方選挙，7月の参議院選挙，9月の内閣改造を経て，政治への女性参画への関心が高まったからであろう。

2　政治への女性参画の重要性

第4回世界女性会議（北京会議）の成果文書で，もっとも包括的なジェンダー平等のアジェンダとされる「北京行動綱領」（1995年）では，「ジェンダー主流化（Gender Mainstreaming）」が唱えられた。「ジェンダー主流化」とは，すべての開発政策，施策，及び事業の計画・実施・モニタリング・評価の各段階で，ジェンダー視点から課題やニーズ，インパクトを明確にしていくプロセスをさす。

> 292. 行動綱領の効果的な実施を保障し，国内，小地域／地域及び国際レベルにおける女性の地位向上のための仕事を強化する

ために，政府，国連システムその他のすべての関係機関は，とりわけ，あらゆる政策及び計画の監視と評価に，ジェンダーの視点を主流として取り込む積極的で目に見える政策を促進すべきである[(1)]。（北京行動綱領，第Ⅴ章制度的整備）

また，同綱領は，「権力及び意思決定における女性」を次のような節から始める。

181. 世界人権宣言は，すべて人は自国の政治に参与する権利を有する，と述べている。女性のエンパワーメント及び自立並びに社会的，経済的及び政治的地位の向上は，透明で責任ある政治・行政及びあらゆる生活領域における持続可能な開発にとって不可欠である。最も個人的なレベルから高度に公的なものに至るまで社会の多くのレベルで，女性の願望にかなう生活の達成を阻む力関係が働いている。女性及び男性の意思決定への平等な参加という目標の達成は，社会の構成をより正確に反映した均衡を与えるであろうし，民主主義を強化し，その本来の機能を促進するために必要なことである。政治的意思決定における平等は，それがなければ，政府の政策決定に真に平等の次元を統合できる見込みはきわめて薄いものになる梃子の働きをしている。この意味において，政治生活への女性の平等な参加は，女性の地位向上の過程全般において中枢的な役割を果たす。意思決定への女性の平等な参加は，単に正義又は民主主義の要請というにとどまらず，女性の関心事項が考慮されるための必要条件とも見なされ得る。あらゆるレベルの意思決定への女性の積極的な参加及び女性の視点の組入れがなければ，平等，開発及び平和という目標は達成できな

(1)　北京行動綱領，出典：内閣府男女共同参画局 http://www.gender.go.jp/international/int_norm/int_4th_kodo/chapter5.html

い[(2)]。（北京行動綱領，第Ⅳ章戦略目標及び行動）

続く182パラグラフでは，「『意思決定レベルの地位における女性比率を1995年までに30パーセントにする。』という経済社会理事会が是認した目標の達成にも，ほとんど進展がなかった」と指摘されている。この30％目標は，ナイロビ将来戦略（1985年）の評価に伴う国連経済社会理事会での勧告（1990年）で明記された。

> 政府，政党，労働組合，職業団体，その他の代表的団体は，それぞれ西暦2000年までに男女の平等参加を達成するため，指導的地位に就く婦人の割合を，1995年までに少なくとも30％にまで増やすという目標を目指し，それらの地位に婦人を就けるための募集及び訓練プログラムを定めるべきである[(3)]（Ｉ婦人の地位向上のためのナイロビ将来戦略のペースを早めること，Ａ平等，勧告６）。

このような国際的動向を背景に，日本でも，1999年に男女共同参画社会基本法が男女共同参画社会の実現を「21世紀の最重要課題」と謳った。しかし，21世紀にはいってまもなくジェンダーへのバックラッシュが強まり，今にいたるまで日本社会はその呪縛から逃れられていない。一方，ジェンダー・バッシングが強まる最中の2003年6月20日，内閣府男女共同参画推進本部は，「社会のあらゆる分野において，2020年までに指導的位置に女性が占める割合を少なくとも

---

(2)　総理府仮訳，出典：内閣府男女共同参画局 http://www.gender.go.jp/international/int_norm/int_4th_kodo/chapter4-G.html

(3)　出典：内閣府男女共同参画局 http://www.gender.go.jp/research/kenkyu/sankakujokyo/2000/5-7.html。「西暦2000に向けての婦人の地位向上のためのナイロビ将来戦略の実施に関する第１回見直しと評価に伴う勧告及び結論」（1990年5月24日，国連経済社会理事会）国際女性の地位協会編『女性関連法データブック――条約・勧告・宣言から国内法まで』有斐閣，1998年，311頁。

30％程度とする目標」（いわゆる「202030」目標）を決定した。この目標は，第3次男女共同参画基本計画（2010年12月閣議決定）に盛り込まれ，同基本計画の冒頭でこう述べられている。「政策・方針決定過程への女性の参画の拡大は，我が国の社会にとって喫緊の課題であり，特に，政治や経済の分野におけるその緊要性は高い。『2020年30％』の目標を社会全体で共有するとともに，その達成のために官民を挙げて真剣に取り組んでいかなければならない」。そのためには，「実効性のある積極的改善措置（ポジティブ・アクション）を推進する」ことが必要とされた(4)。「202030」は，2015年12月に閣議決定された第4次男女共同参画基本計画でも言及されている。ただし，目標はより実現可能な低めの数値に置き換えられた。たとえば，民間企業の女性登用課長相当職に占める女性の割合が15％，係長相当職に占める女性の割合が25％にとどまる(5)。

一般に，構成人数の30％を少数派が占めると意思決定に影響力を持つようになるとされ，絶対数では3人以上が必要とされる。しかし，2018年の医学系入試の女性一律減点で明らかになったように，医学系の女子合格率は30～35％が「ガラスの天井」となっている。ヨーロッパでは医師や法律家などの専門職は女性が過半数を超えつつある(6)。30％という目標は最終ではなく，「出発点」なのである。

政治・経済分野を含め，日本では最高意思決定機関に女性がほとんどいない。政治面では，衆議院議員の女性比率が10.1％で，193ヵ国中163位。世界平均24.5％の半分以下にすぎない(7)。経済面では，日

(4)　第3次男女共同参画基本計画（内閣府）http://www.gender.go.jp/about_danjo/basic_plans/3rd/pdf/3-04.pdf
(5)　第4次男女共同参画基本計画（内閣府）http://www.gender.go.jp/about_danjo/basic_plans/4th/pdf/kihon_houshin.pdf
(6)　医師については，『男女共同参画白書』平成30年版。http://www.gender.go.jp/about_danjo/whitepaper/h30/zentai/html/zuhyo/zuhyo01-00-58.html
(7)　Inter Parliamentary Unions, 2019.12. https://data.ipu.org/women-ranking?month=12&year=2019

本でも就業者に占める女性比率は43.5%と他の国に劣らないにもかかわらず，管理職の女性比率が低い。とりわけ深刻なのが取締役会に占める女性比率である。G7ではフランスが43.4%とトップで，OECD平均では約22.3%，日本はわずか5.3%にとどまる(8)。学術の世界も事態はさほど変わらない。教授職の女性比率は16.7%である。研究者に占める女性比率も日本は16.2%であるのに対し，ＥＵ諸国の多くは30%を超えている(9)。

3　日本学術会議の取り組みから

日本学術会議も2000年まで会員210名中女性会員は１～４名であった。しかし，2005年に選考方法が変更され，現在の第24期（2017～2020年）には女性会員69名（32.9%）と「202030」目標を達成した（図表２(10)）。「学者の国会」とも言われる日本学術会議は，ポジティブ・アクションのベスト・プラクティス事例の一つと言えよう。

図表２　日本学術会議会員の女性比率

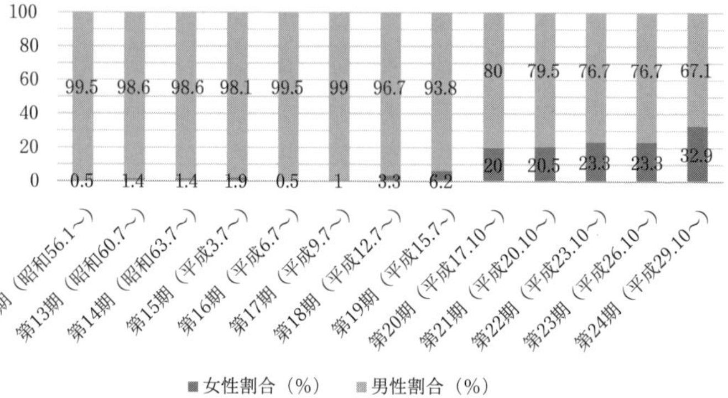

---

(8)　v. Beghini, u. Catcaneo, E. Pozzan, A quantun leap for gender equality: for abetter future of work for all (ILO Report), 2019, p.30.

(9)　内閣府男女共同参画局「2. 各国における女性研究者・技術者に関するデータの比較」http://www.gender.go.jp/research/kenkyu/pdf/riko_comp_02.pdf

(10)　http://www.gender.go.jp/research/kenkyu/sankakujokyo/2017/pdf/5-4.pdf

「量」が変わると「質」も変わる。女性会員比率が向上するのに呼応して，学術会議ではジェンダー系分科会の活動も活性化している。学術会議でジェンダー平等に向けた分科会が初めて設置されたのは，2005 年，女性会員が 40 人以上に増えた第 20 期からである。第一部に「ジェンダー研究分科会」等が立ち上げられ，ジェンダーに関する審議をもとにいくつかのシンポジウムが開催されるようになった。この時期の状況については，上野千鶴子「「202030」は何のためか？[11]」(2017 年）に詳しい。上野［2017］は，主なシンポジウムとして以下のものを挙げている。

① 2010 年 3 月 10 日（21 期）公開シンポジウム「日本のジェンダー平等の達成と課題を総点検する――CEDAW（国連女性差別撤廃委員会）勧告 2009 を中心に」。民主党（当時）と社会民主党・国民新党連立政権のもとで，男女共同参画大臣であった福島瑞穂さんを迎えて開催された。

② 2012 年 10 月 13 日（22 期）公開シンポジウム「雇用崩壊とジェンダー」。「勧告」が指摘した問題群のなかで，日本の女性が直面するもっとも喫緊の課題は「労働」であるとの共通理解にもとづく。

③ 2015 年 10 月 25 日（23 期）公開シンポジウム「均等法は『白鳥』になれたのか――男女平等の戦後労働法制から展望する」。男女雇用機会均等法（1985 年）成立 30 周年を迎えるにあたって，均等法の歴史的評価を試みるものとして企画された。

さらに，日本学術会議社会学委員会ジェンダー研究分科会は，2016 年 10 月（23 期）に公開シンポジウム「202030 は可能か――「女性活躍推進法」の実効性を問う」を主催した[12]。その成果は，『学術の動

(11) 上野千鶴子「「202030」は何のためか？」『学術の動向』22 巻 8 号，2017 年，98-100 頁。https://www.jstage.jst.go.jp/article/tits/22/8/22_8_98/_pdf/-char/ja

(12) http://www.scj.go.jp/ja/event/pdf2/230-s-1-5.pdf

向』(2017年) に掲載されている[13]。

日本学術会議では，かねてより常設の科学者委員会の下に「男女共同参画分科会」が設置されている。また，もともと第一部にはジェンダー系分科会が多い。第一部には言語・文学，哲学，心理学・教育学，社会学，史学，地域研究，法学，政治学，経済学，経営学という10の分野別委員会があるが，このうち，社会学に2つ，史学に1つ，法学に1つの計4つのジェンダー系分科会が存在する。24期にはさらに事態が好転した。第一部（人文社会），第二部（生命科学），第三部（理工学）のすべての部においてジェンダー系分科会（「第一部附置総合ジェンダー分科会」「第二部附置ジェンダー・ダイバーシティ分科会」「第三部附置ジェンダー・ダイバーシティ分科会」）が設置されたからである。

目下，これらの分科会の協力関係も進み，日本学術会議ではジェンダー問題が多様な側面から日常的に議論されている。関連シンポジウムも増えた（図表3)。2019年4月6日シンポジウムは，孤立したものではなく，こうした取り組みの一環なのである。

【図表3】第24期に開催されたシンポジウム一覧

年	月日	テーマ	主催（主要企画分科会）
2017	11.30	日本学術会議中部地区会議主催学術講演会「ジェンダーと名古屋大学」	中部地区会議
	12.16	公開シンポジウム「人文社会科学分野の男女共同参画を目指して」	第一部総合ジェンダー分科会
2018	3.31	公開シンポジウム「人文社会系学協会における男女共同参画をめざして」	第一部総合ジェンダー分科会
	6.9	公開シンポジウム「移民と人間の安全保障をジェンダー視点で考える」	日本学術会議（社会学委員会ジェンダー研究分科会）

(13) 『学術の動向』22巻8号，2017年 https://www.jstage.jst.go.jp/browse/tits/22/8/_contents/-char/ja/

	6.14	学術フォーラム「ジェンダー視点が変える科学・技術の未来～GS10フォローアップ～」	日本学術会議（科学者委員会男女共同参画分科会）
	7.27	公開シンポジウム「ハラスメントを鏡に，日本社会を検証する―なぜまっとうな議論ができないのか？」	科学者委員会男女共同参画分科会
	9.3	公開シンポジウム「セクシュアル・ハラスメントをめぐる法政策の現状と課題―ハラスメント根絶に向けて」	法学委員会ジェンダー法分科会
	10.26	公開シンポジウム「医療界における男女共同参画の推進と課題～日本学術会議幹事会声明をふまえて～」	科学者委員会男女共同参画分科会
	12.19	公開シンポジウム「LGBT/SOGI施策―国・自治体は何をすべきか―」	法学委員会ジェンダー法分科会
2019	2.9	公開シンポジウム「なぜできない？ジェンダー平等人文社会科学系学会　男女共同参画の実態と課題」	第一部総合ジェンダー分科会
	4.6	公開シンポジウム「男女がともにつくる民主政治を展望する―政治分野における男女共同参画推進法の意義―」	法学委員会ジェンダー法分科会
	6.8	公開シンポジウム「横行する選考・採用における性差別：統計からみる間接差別の実態と課題」	社会学委員会ジェンダー研究分科会
	7.4	公開シンポジウム「Gender Equality 2.0からSDGsを展望する―架け橋―～GS10フォローアップ2019～」	科学者委員会男女共同参画分科会
	10.20	公開シンポジウム「岡崎「性暴力事件」から見えてきたもの―学術に何ができるか―」	社会学委員会ジェンダー研究分科会

	11.17	学術フォーラム「学術の未来とジェンダー平等〜大学・学協会の男女共同参画推進を目指して〜」	日本学術会議（科学者委員会男女共同参画分科会）

4　国際社会の動向と今後の日本の課題

21世紀国際社会でジェンダー主流化の牽引役を担っているのは，EU（欧州連合）である[(14)]。EUは，北京会議の翌1996年にジェンダー主流化を取り入れることを決めて以来，着実に政策を進めてきた[(15)]（図表4)。「ジェンダー平等へ向けた戦略的取り組み2016 − 2019」では，①女性の労働市場参加の拡大と男女双方の経済的自立，②男女間の賃金，収入，年金差の縮小，③意思決定の場における男女平等，④女性に対する暴力の排除，⑤世界で男女平等を推進が優先事項として設定されている[(16)]。また，2016〜2030年の国際的目標とされ，日本でも産官学を挙げて取り組んでいる「SDGs（Sustainable Development Goals：持続可能な開発目標)」でも，ジェンダー平等の達成が第5目標とされている[(17)]。

ジェンダー視点を活かして取り組むべき多くの政策課題は，日本学術会議でもすでに十分審議され，論点も整理されている。政治分野のジェンダー平等を達成できるならば，それらの成果を取り込み，法政策を実現する道筋は整えられている。政治を男性の領分とする社会的偏見を取り除き，女性自身の心の障壁を克服することも重要である。

---

(14)　Fraser, Nancy, “Mapping the Feminist Imagination: From Redistribution to Recognition to Representation.” in:Jude Browne (ed.), The Future of Gender, Cambridge, 2007, pp. 17-34.

(15)　三成美保「『女性のエンパワーメント』と『女性活躍推進』── ジェンダー平等をめぐる違いから」島田陽一・三成美保・米津孝司・菅野淑子編『「尊厳ある社会」に向けた法の貢献 ── 社会法とジェンダー法の協働』旬報社，2019年，151-176頁。

(16)　EUMAG　http://eumag.jp/feature/b0316/

(17)　外務省 https://www.mofa.go.jp/mofaj/gaiko/oda/sdgs/about/index.html

【図表4】EUの取り組み

1996	EUはジェンダー主流化を取り入れることを決定
1999	アムステルダム条約発効（ジェンダー主流化の義務を法令から条約に引き上げる）
2009	リスボン条約（改正EU基本条約）でジェンダー平等を基本的価値として捉え，ジェンダー平等を促進すると規定
2009	EU基本権憲章（リスボン条約によって基本条約と同等の法的拘束力を付与される）であらゆる分野での男女平等の保障，性差別の禁止を明記
2010	欧州委員会は「女性憲章（Women's Charter)」を採択し，「男女平等のための戦略 2010-2015」を発表
2015	上記後継として「ジェンダー平等へ向けた戦略的取り組み 2016-2019」を発表

「無意識の偏見（アンコンシャス・バイアス)」については，理工系の学協会連合である男女共同参画学協会連絡会連絡会がすぐれたリーフレット（2017年，改訂版2019年）を作成している[18]。政治分野では女性のロールモデルが少ない。女性をエンパワーメントし，候補者を育成することも急務であろう。

国会は，日本の法政策を審議・決定する最高意思決定機関である。国民の声を汲み取った「民主政治」を実現するには，議員構成が国民の性別のバランスを適切に反映していることが不可欠であろう。そのための道のりは「長く」「遠く」あってはいけない。ポジティブ・アクションの実効性を強め，早急に「出発点の平等」を実現しなければならない。

(18)「無意識のバイアス – Unconscious Bias – を知っていますか？」男女共同参画学協会連絡会著（2017）https://www.djrenrakukai.org/doc_pdf/2019/UnconsciousBias_leaflet.pdf

Ⅱ　日本の現状とポジティブ・アクションの必要性

辻村みよ子

1　国際水準からみた日本の状況—GGI世界121位の現実

日本では，1999年の男女共同参画社会基本法で，「男女共同参画社会の実現を21世紀の我が国社会を決定する最重要課題と位置づけ」（前文），国・地方自治体をはじめ雇用や学術・教育などの諸領域で取り組んできた。2010年の第3次男女共同参画基本計画でも，「喫緊の課題」の第1項目に「実効性のある積極的改善措置（ポジティブ・アクション）の推進」を掲げ，「2020年までに指導的地位に女性が占める割合が少なくとも30%程度になるよう期待するという目標」（2020年30%）[(1)] にむけて取組の強化・加速に務めてきた。少なくともこの目標を掲げた21世紀初頭（2003年）の段階では，十分到達可能であると考えられていたはずである。

しかし，現状はどうか。30%どころか，衆議院議員の女性比率は，2019年末現在で10.1%に過ぎない（国会議員全体では14.5%，後述）。2018年5月23日に成立した「政治分野における男女共同参画の推進に関する法律」（以下，候補者均等法）や，2019年4月の日本学術会議シンポジウムが必要となった理由もここにある。日本の男女共同参画状況が，世界の水準から見て，極めて劣っているからである。この点を明らかにするために，重要な国際指標を2つ示しておこう。

---

(1)　この目標は2003年に男女共同参画推進本部が定め，2005年12月に閣議決定された第2次男女共同参画基本計画に掲載された。

図表 5　ジェンダー・ギャップ指数[5]（GGI 日本）

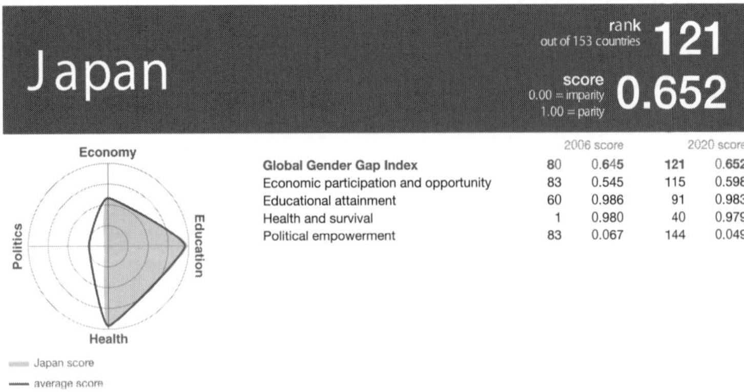

	2006 score		2020 score	
Global Gender Gap Index	80	0.645	121	0.652
Economic participation and opportunity	83	0.545	115	0.598
Educational attainment	60	0.986	91	0.983
Health and survival	1	0.980	40	0.979
Political empowerment	83	0.067	144	0.049

出典：The Global Gender Gap Index2020 http://www3.weforum.org/docs/WEF_GGGR_2020.pdf,p.201.

(1)　世界経済フォーラム GGI（ジェンダー・ギャップ指数[2]）
──過去最低 121 位，政治分野 4.9 点（100 点満点換算）の衝撃

世界経済フォーラムが毎年発表している日本の 2019 年度の GGI（ジェンダー・ギャップ指数）は 153ヵ国中 121 位，スコアは 65.2 点（100 点満点換算）であり，昨年の GGI2018 総合順位 110 位（66.2 点）から大きく後退した[3]。健康・経済・経済・政治の 4 分野[4] の順位は

---

(2)　世界経済フォーラム（World Economic Forum）が，各国内の男女間の格差を数値化してランク付けし，経済分野，教育分野，政治分野及び保健分野のデータから算出している。2019 年 12 月 17 日に Global Gender Gap Report 2020 が公表された。http://www3.weforum.org/docs/WEF_GGGR_2020.pdf

(3)　2019 年度の日本のランクが 121 位であったことが日本国内の新聞各紙等でも報道された（朝日新聞 12 月 18 日朝刊 3 面「男女格差広がる日本，日経新聞デジタル 12 月 17 日「日本は過去最低の 121 位，政治参画遅れ」（https://www.nikkei.com/article/DGXMZO53440060X11C19A2EAF000/ など参照」）。

The Global Gender Gap Index2020 rankings, http://www3.weforum.org/docs/WEF_GGGR_2020.pdf,p.9.

(4)　4 分野については，具体的に，次のデータから算出される。

【経済分野】・労働力率・同じ仕事の賃金の同等性・所得の推計値・管理職に占める比率・専門職に占める比率，【教育分野】・識字率・初等，中等，高

それぞれ，40位，91位，115位，144位であり，とくに政治分野が125位・8.1点からはるかに後退して，144位・4.9点で，日本の男女格差の元凶が改めて明らかになった（図表5参照）。政治分野だけは，6.7点（2006年）以降，10.3点（2016年），8.1点（2018年）などと改善の兆しがあったところ，今回4.9点に急落した。その原因は，2019年1月1日段階の女性閣僚（大臣）比率が5.3％で世界平均の4分の1であり，女性議員率（10.1％）が世界平均の半分以下であったことによる。

図表6　GGI2019年度の世界ランキング

2019年の男女平等ランキング	
1（1）	アイスランド
2（2）	ノルウエー
3（4）	フィンランド
4（3）	スウェーデン
5（5）	ニカラグア
6（7）	ニュージーランド
7（9）	アイルランド
8（29）	スペイン
9（6）	ルワンダ
10（14）	ドイツ
53（51）	米国
75（73）	タイ
106（103）	中国
108（115）	韓国
112（108）	インド
121（110）	日本

（注）カッコ内は前年順位

出典：日本経済新聞2019年12月17日 https://www.nikkei.com/article/DGXMZO53440060X-11C19A2EAF000/

上位の諸国を見ると，2019年度の結果（GGI2020）では，アイスランド（1位），ノルウェー（2位），フィンランド（3位），スウェーデン（4位），ニカラグア（5位），ニュージーランド（6位），アイルランド（7位），スペイン（8位），ルワンダ（9位），ドイツ（10位），フランス（15位），フィリピン（16位），イギリス（21位），アメリカ（53位），韓国（108位）などである（図表6参照）。全体として北欧がまだ上位

等教育の各在学率，【保健分野】・新生児の男女比率・健康寿命，【政治分野】・国会議員に占める比率・閣僚の比率・最近50年の国家元首の在任年数（内閣府『男女共同参画白書令和元年版』103頁，http://www.gender.go.jp/about_danjo/whitepaper/r01/zentai/html/zuhyo/zuhyo01-01-16.html 参照）。

（5） The Global Gender Gap Index2020 http://www3.weforum.org/docs/WEF_GGGR_2020.pdf,p.201.

を占めているが，アジアではフィリピンが高順位にいることがわかる[(6)]。

政治分野では，女性国家元首の在任期間などが指標に入っているため日本の場合は改善が容易ではないにしても，今後，女性議員比率や女子閣僚比率が上がりさえすれば，スコアは改善することから，早急な対策と改善が期待される。

⑵ IPU「女性国会議員比率の世界ランキング」

国際機関のIPUでは，毎月，女性議員比率の国際ランキングを公表している[(7)]。これによれば，日本の衆議院議員の女性比率は，2019年10月1日現在，10.11%，世界193か国中164位〔前回2019年9月1日調査結果と変化なし〕である。下院（または一院）の世界平均は，2019年10月1日現在，24.6%，アジア平均20.1%である（図表8参照）。

これに対して，日本の参議院議員の女性比率は，2019年10月1日現在22.86%で，世界79か国中39位である。（参議院選挙前の2019年7月1日調査結果20.75%，世界79か国中43位より改善。2.11%アップ，4位アップした）。上院の世界平均は，2019年10月1日現在，24.3%，アジア平均16.7%である。

両院の女性比率は，2019年10月1日現在，日本は14.5%，710名

---

(6)　The Global Gender Gap Index2020 rankings,
http://www3.weforum.org/docs/WEF_GGGR_2020.pdf,P.9.
2018年度は，149ヵ国中110位，スコアは66.2点（100点満点換算）であった。総合順位は2017年・114位をわずかに上回ったものの，健康・経済・政治の3分野で順位を下げていた。とくに政治分野が125位・8.1点であった。GGI2018年度の結果については，前掲『男女共同参画白書令和元年版』102頁参照。

(7)　Inter-Parliamentary Union <IPU>（日本では，列強議会同盟と訳されてきた）の調査結果参照。https://data.ipu.org/women-ranking?month=10&year=2019
地域別平均については http://archive.ipu.org/wmn-e/arc/world011019.htm 参照。

図表7　世界の女性国会議員比率

（193カ国調査：2019年10月1日現在のIPU調査より）

下院順位	国名	地域名	下院
1	ルワンダ	アフリカ	61.3%
2	キューバ	中米	53.2
3	ボリビア	南米	53.1
4	アンドラ	欧州	50.0
5	メキシコ	中米	48.2
6	スペイン	欧州	47.4
7	スウェーデン	欧州	47.3
8	フィンランド	欧州	47.0
9	クレナダ	中米	46.7
10	ナミビア	アフリカ	46.2

下院順位	国名	地域名	下院
18	フランス	欧州	39.7
39	イギリス	欧州	32.0
46	ドイツ	欧州	30.9
77	アメリカ	北米	23.5
126	韓国	アジア	167
164	日本	アジア	10.1

出典：IPU, https://data.ipu.org/women-ranking?month=10&year=2019

図表8　世界の女性国会議員比率平均

193カ国議員数46213人（2019年10月1日現在 lnter-Parliamentary Union（IPU）調査）

	両院	下院	上院
世界平均	24.5%	24.6%	24.3%
北欧諸国		44.0%	
欧州諸国	29.4%	29.6%	28.5%
米諸国	30.8%	30.6%	31.5%
アフリカ諸国	24.0%	24.1%	23.9%
アジア諸国	19.7%	20.1%	16.7%
アラブ諸国（中東・北アフリカ）	16.8%	17.7%	10.7%
太平洋諸国	16.6%	16.6%	43.8%

出典：IPU, http://archive, ipu, org/wmn-e/world.htm

（465+245名）中，103名（47+56名）である。ちなみに両院の世界平均は，2019年10月1日現在，24.5%，アジア平均19.7%である。

図表7のように，下院（もしくは1院）の女性議員率では，ベストテンのうち，6カ国が中南米やアフリカになっている。日本は193か国中164位（2019年10月1日現在，10.1%）という状況であり，先進

国最下位どころか，世界最下位の日も近いとさえいえる。世界の地域別の平均値（図表8）を見ても，北欧と米諸国が30%を超えていることがわかる。

(3) 日本の遅れの原因

日本の国際的ランクが低い理由は明白である。諸外国ではクオータ制など効果的なポジティブ・アクションを活用しているのに対して，日本では取組みが“鈍い”からである。

例えば，世界各国の女性議員比率の経年変化を見ると，現在40%を超えている北欧諸国を含め，1970年代には日本と同様に10%程度（あるいはそれ以下）にとどまっていたことがわかる。ところが日本以外の諸国は，ポジティブ・アクションの活用によって一気に女性議員

図表9　世界の女性国会議員比率：経年変化

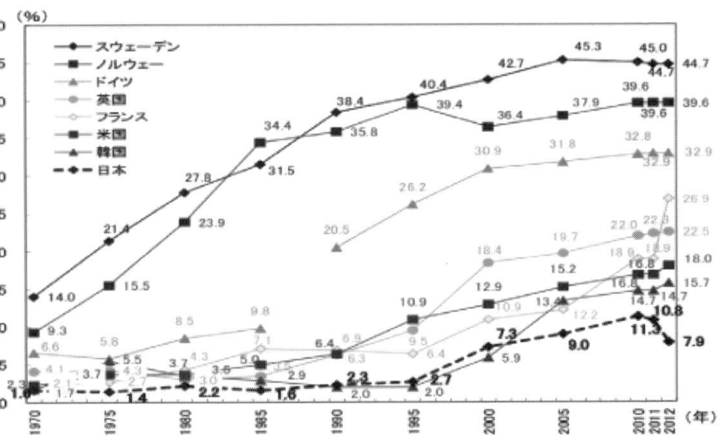

（備考）１．IPU資料より作成。調査対象国は190ヵ国。
２．一院制又は下院における女性議員割合。
３．ドイツは1985年までは，西ドイツの数字。

出典：内閣府男女共同参画局　http://www.gender.go.jp/policy/positive_act/pdf/positive_action_006.pdf

比率を上げている。北欧諸国は1985年以降，ドイツは1990年以降に政党の綱領等による自発的クオータ制の効果が出た。一般に小選挙区制の国は，ポジティブ・アクション導入が困難であるが，英国では労働党のオールウイメン・ショートリスト（AWS）方式（約半数の小選挙区候補者リストのすべてを女性にする方式）の採用と2002年の性差別禁止法改正によって女性議員が倍増した。フランスでは，後に説明があるように，2000年以降のパリテ法改正の成果が出て，2019年10月現在39.7％，GGIは2018年度版で12位，2019年度で15位（GGI2020）になっている。アメリカ合衆国でも2018年11月の中間選挙で女性議員が増加した（GGI2020年53位）。また，韓国では，2004年からの強制型クオータ制の導入が直接的な女性議員増加の成果をもたらし，GGI2020では日本を抜いて108位になったことがわかる(8)。

2　政治分野の男女共同参画の課題

⑴　性別役割分業構造と選挙制度の変革

日本では，1955年から1994年までの約40年にわたる「55年体制」下の自民党長期単独政権のもとで，配偶者控除などの専業主婦への税制優遇措置政策等を背景に「男は外，女は内」という性別役割分担の意識と社会全体の性別役割分業構造が確立された。「金権政治」と呼ばれた未熟な民主主義体質下でのもとで「永久凍土」化した性別役割分業構造(9)と「女性のエンパワーメント」の遅れなどが，「女性のいない民主主義(10)」の実質的要因であったことを重視しておかなければ

(8)　フランス・イギリスについては，辻村みよ子『ポジティヴ・アクション』（岩波書店，2011年）34頁以下，本書糠塚論文55頁以下，武田論文79頁以下，AWS方式につき87頁参照。韓国の「女性候補者推薦補助金」制度につき，辻村前掲55頁以下，他の諸国の法改正の概要については同28頁以下参照。

(9)　「永久凍土」の語は，2012年日本女性会議（仙台）の最終セッションでの渥美由喜氏（東レ経営経営研究所）の発言による。

(10)　気鋭の男性政治学者による前田健太郎『女性のいない民主主義』（岩波

ならない。

日本の戦後政治において男女共同参画・ジェンダー平等の価値が全く根付かなかったことは，2000年代になってようやく，1946年の第1回選挙の結果（39名，8.4%）を超えたという事実にも示される（図表10参照）。本書第2部の政党代表議員の言葉にも示されたように，「女性の活躍」を謳う政権与党にあって，政治分野のジェンダー・ギャップ指数（2019年度）が世界121位（153ヵ国中），下院の女性議員比率が164位（193ヵ国中）という恥ずべき状況下にあってなお，女性候補者の擁立について数値目標をたてることさえ困難なのが現実(11)であるとは，驚き以外の何物でもないであろう。

図表10　衆議院における女性議員・候補者割合の推移

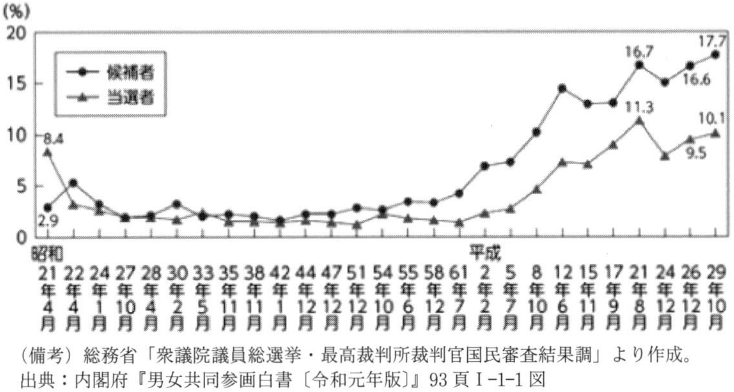

（備考）総務省「衆議院議員総選挙・最高裁判所裁判官国民審査結果調」より作成。
出典：内閣府『男女共同参画白書〔令和元年版〕』93頁Ⅰ-1-1図

新書，2019年）参照。次の課題として，選挙制度改革を含めた制度的改革論やポジティブ・アクションの具体的提案が必要となろう。この点で，本書執筆者の大山礼子『政治を再建するいくつかの方法』日本経済新聞出版社（2018年），三浦まり編『日本の女性議員：どうすれば増えるのか』（朝日新聞出版，2016年）なども参照されたい。

(11)　本書148頁の稲田議員発言参照（但し本発言は2019年4月6日のものである）。

図表 11　参議院における女性議員・候補者割合の推移

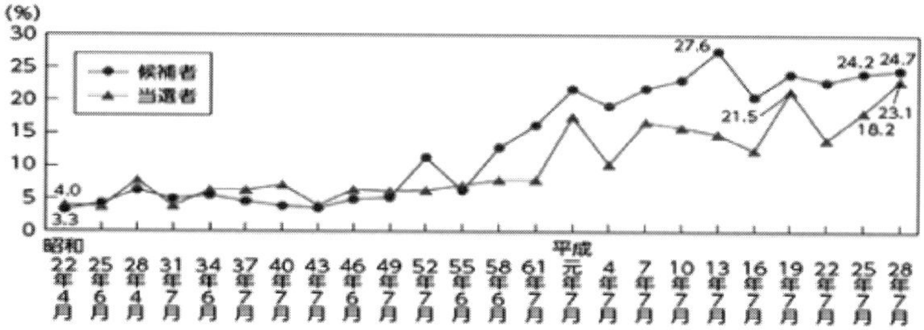

（備考）総務省「参議院議員通常選挙結果調」より作成。
出典：内閣府『男女共同参画白書〔令和元年版〕』93 頁 I -1-2 図

反面，参議院においては，1980 年代から一足早く比例代表制が導入されたことから，衆議院よりは女性議員・候補者の比率が高くなっている（図表 6 参照）。2000 年の公選法改正によって非拘束式名簿式になったため，諸外国のようなクオータ制にはなじまず，現状では，むしろ衆議院議員選挙の比例区の方が，女性候補の当選が容易であるといえる。男女共同参画実現のための選挙制度改革と言う観点から，拘束名簿式比例代表制の確立やクオータ制導入の桎梏となり得る「復活投票」制の見直し等も射程に入れつつ政党の綱領や法律によるポジティブ・アクションの導入を実現することが次の課題になるであろう。

実際に，2018 年の「政治分野の男女共同参画推進法」が功を奏し，2019 年 7 月の選挙によってわずかながら改善があった。選挙前は，20.75%，世界 79ヵ国中 43 位であったが，選挙後は，22.86%になり，2.22% 改善され，順位も少し上がった。

これは，本書第 2 部に示されるように，各政党で，女性候補者の比率を 40%に定めるなど，いわゆる候補者クオータ法の成果を取り入れるべく努力した結果である。しかし反面，巨大な与党の自民党で女性候補者比率 15%，公明党 8%など，まだ低い状態であったため，全体として大きな改善に繋がらなかった。女性の活躍を標榜する政府与党としては，これを具体的に実施してゆく義務があると考えられるため，今後は政治分野の男女共同参画を，政府与党が先頭にたって推進できるよう，種々の観点から，要求してゆく必要があろう。

⑵ 地方政治の「見える化」と候補者支援

日本の場合は，とくに，地方議会議員の数が少ないことが致命的であり，地方での改善が先決であるといえる。内閣府男女共同参画局でも「見える化」を促進して，地方議会での女性議員の増加を促しているが(12)，地方政治の非民主的な実態や女性議員の両立支援等の課題を明らかにして具体的な取り組みを進めなければならない。選挙制度の改革や候補者の支援など，根源的な課題がありそうであるが，詳細は大山論文（本書69頁以下）を参照されたい。

3 ポジティブ・アクションの課題

⑴ ポジティブ・アクションの種類と法的根拠

政治分野のジェンダー平等実現のためのポジティブ・アクションには，クオータ制（候補者割当制・議席割当制），パリテ方式（男女同数），ツイン方式（ペア投票制），プラス・ファクター方式（能力が同等な場合に一方を優先，公共契約上の評価等），インセンティブ付与方式（補助金助成・税制優遇等），ゴール・アンド・タイムテーブル方式（数値目標型），基盤整備（両立支援，研修，メンター制度，財政支援，職域拡大）など，様々な措置がある。いずれも男女共同参画社会基本法2条1項2号にあるように，「男女間格差を改善するために必要な範囲内にお

---

(12) 内閣府男女共同参画局のウェブサイトでは，女性の政治参画マップ2019（令和元年10月版）などを公表しており，参考になる。（都道府県議会の女性議員比率が低いのは，香川・佐賀（2.4%）・山梨県（2/8%）など，女性議員ゼロの議会割合が多いのは青森県（50%）・奈良県（35.6%）・熊本県（35.6%）などである。http://www.gender.go.jp/policy/mieruka/pdf/map_josei_2019_color.pdf

いて，男女いずれか一方に対し，当該機会を積極的に提供する」積極的改善措置であれば，合法的に実施できる。

法的根拠としても，(1)日本国憲法 14 条 1 項（法の下の平等，性差別禁止），(2)男女共同参画社会基本法 2 条・8 条，(3)政治分野の男女共同参画推進法 2 条・4 条・9 条，(4)第三次男女共同参画基本計画（2010 年 12 月 17 日閣議決定）・第四次男女共同参画基本計画（2015 年 12 月 25 日閣議決定）などがある。国際条約として，女性差別撤廃条約第 4 条，および国際機関（女性差別撤廃委員会 CEDAW）の勧告，とくに CEDAW 最終見解（2016 年 3 月）パラグラフ 31「法定クオータ制などの暫定的特別措置をさらに取り入れること」などをあげることができる。

(2)　ポジティブ・アクションへのコンセンサスの必要性

ポジティブ・アクションは，男女共同参画推進という政策目的の重要性・必要性や，手段と目的の間の実質的関係などを検討して適切有効な措置を選択して実施することができる。しかし一般に，女性議員を増やすためのポジティブ・アクションを実施する場合，（男性に対する）逆差別，劣性の烙印（スティグマ），政党の自律性や政治結社の自由，（男性）立候補予定者の立候補の自由の侵害，等の反論が予想される。このため，ポジティブ・アクションの重要性が社会全体で理解され，これに対するコンセンサスを確立することが必要となる。上記の諸法に定められた男女共同参画推進の目的や，政治に民意を反映するために必要な意思の多様性を確保するという現代民主主義の主要な目標を説得的に示すことが求められる。

諸外国でも長期の議論をへてクオータ制などを導入しており，選挙制度との関係などを十分理解したうえで，ポジティブ・アクションを有効・適切に活用している（図表 12・13 参照）。日本でも，諸外国の経験から多くを学び，ポジティブ・アクションの活用によって，男女共同参画を実現することが急務であり続けている。

「たかが数，されど数」であることを肝に銘じて政治分野の男女共同参画を実現すると同時に，政策研修や立候補支援制度の確立によってエンパワーメントを後押しすることも喫緊の課題となろう。本書の諸論稿が，そのための有効な糧となることを願いたい。

図表 12　クオータ制の諸類型（選挙制度との関係）

選挙制度／クオータ制のタイプ	比例代表制 Proportional system（男女交互名簿式等）Candidate Quotas	小選挙区制（リザーブ型）Reserved Seats
法律による強制型 Compulsory Quota-Legal Quota	韓国（50％），フランス上院，ベルギーなど Legislated Quotas	ルワンダ・ウガンダ等のリザーブ制
政党の自発的クオータ制 Non Compulsory Quota	南アフリカ，スウエーデン，ドイツなど Political Party Quotas	イギリス労働党（All-women shortlists）

（辻村『ポジティヴ・アクション』（岩波新書）90 頁表 2-1 をもとに作成）

図表 13　クオータ制導入国（IDEA 資料より）

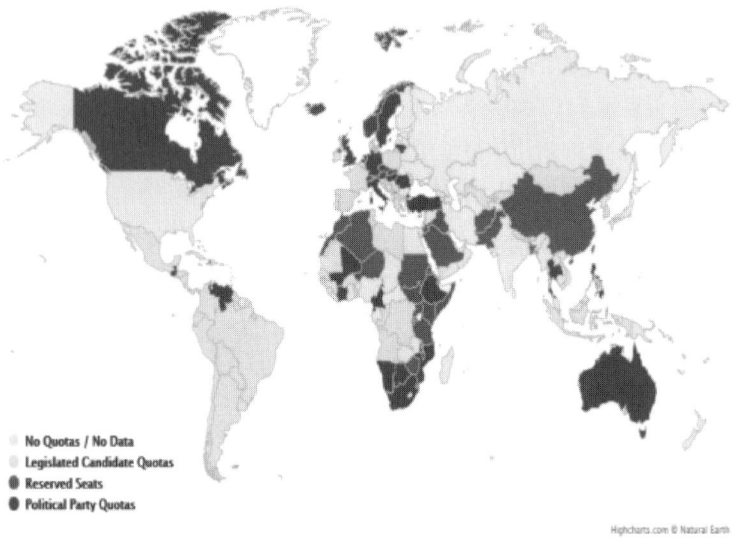

出典：https://www.idea.int/data-tools/data/gender-quotas

Ⅲ　候補者均等法が切り拓く未来

三浦まり

はじめに

政治分野における男女共同参画推進法は2019年5月に約4年かけて成立に至った議員立法である。国会および地方議会における性別不均衡を是正し，男女が共同して参画する民主政治の発展に寄与することを目的とする。本稿ではこの法律の意義を整理し，成立過程を概観した上で，その実効性を論じたい。理念法であるこの法律が効力を発揮するためには，「市民立法」として生まれた経緯を理解し，法規範の定着を図る必要があるからである。そして，法律のさらなる活用方法を展望する。

1　立法の意義

政治分野における男女共同参画推進法は「候補者均等法」あるいは「日本版パリテ法」と呼ばれるように，政党に対して候補者擁立の際に男女の数の均等（パリテ）をめざすことを求める。議会における性別構成を問題視する初めての法律が誕生したことは極めて画期的である。

第1条（目的）で「社会の対等な構成員である男女が，公職に就き，意思決定に共同で参加する機会が確保されること」を掲げ，「男女が共同して参画する民主政治の発展に寄与することを目的とする」と規定する。これは，社会が男女半々で構成されている以上，意思決定においても男女半々でなければ民主的であるとはいえないという「パリテ民主主義」の考え方を体現するものである。

そして，第2条（基本原則）は政党に対して，候補者を擁立する際には男女の数がなるべく「均等」となることをめざすことを求める。「数の均等」とは「男女同数」と法的に同義であることが，両院の審議過程でそれぞれ確認されている。また，同条には「固定的な性別役割の影響に配慮し，性別にかかわりなく，男女が個性と能力を発揮できるようにする」ことや，「公職の活動と家庭生活の両立」が書き込まれているように，性別役割分業が阻害要因となって女性が公職に就く機会が事実上制限されていることに留意する。性別にかかわりなく男女が公職に就けるようになるためには，政党の努力とともに，固定的な性別役割の影響を取り除き，議員のワークライフ・バランスが図られる必要があることにも目配りするものとなっている。

この法律が実際に効力を上げていくためには，政党が女性を積極的に擁立するとともに，女性のなり手を増やしていくことが必要である。したがって，第4条では政党その他の政治団体の努力として，男女均等の候補者擁立を推進するための自主的取り組みを求め，なかでも数値目標を定めることに特別言及している。そして，第8条の人材育成等において，国及び地方公共団体が人材の育成・活用に資する施策を講じることを務めよう求める。

さらには，第9条において，必要に応じて法制上または財政上の措置を講ずるものとされ，法律の施行状況を踏まえ，今後は公職選挙法などの改正や予算措置が展望できる構えとなっている。

このように，候補者均等法はシンプルながらも無駄なく必要な措置に言及している。強制力のない理念法であると紹介されることが多いが，確かに強制力はないものの，候補者均等（パリテ）という基本原則を定めた点で画期的であり，まずは政党に対して法律の遵守を促し，同時に市民が法律を活用していくことが大切である。そのためにも，この法律が市民立法として生まれた経緯を知り，「政治的意思」を作り出していく不断の努力がこの法律の効力をもたらすものであることを強調したい。

2　なぜ成立できたか

■市民社会からの要請

候補者均等法が成立に至った直接的契機は「政治分野における女性の参画と活躍を推進する議員連盟」が発足したからであり，議連発足の背景には「クオータ制を推進する会」（Q の会）の活動がある。

図表 14 は成立に至るまでの主要な動きをまとめたものである。クオータを求める女性運動は少なくとも 1990 年代からあったが，本格的に政策課題に登るようになるのは，2010 年における第三次男女共同参画基本計画においてクオータが言及されてからである。奇しくも同時期に筆者自身は国際女性デーの企画として，クオータに関するシンポジウムを 2011 年 3 月 8 日に開催した（主催：上智大学グローバル・コンサーン研究所）。ポーランドでクオータ法が成立したのを受け，日本でも行動を起こすべきだとのフェミニスト学者からのメールに触発されたからである。シンポジウムは 100 人以上の参加者と 400 人近いネット中継視聴者を集め，手応えを感じた筆者はその後本格的に

図表 14　候補者均等法成立までの動き

2010	第三次男女共同参画基本計画に「クオータ」が盛り込まれる
2011	「世界 118 位の現実：クオータは突破口となるか」シンポジウムの開催（於：上智大学）
2012	中川正春男女共同参画大臣が政党にクオータ要請
	「クオータ制を推進する会（Q の会）」結成
2014	Q の会院内集会で中川正春氏が議連結成呼びかけ
	『ジェンダー・クオータ』刊行
2015	「政治分野における女性の参画と活躍を促進する議員連盟」発足，WT での議論開始，法案骨子作成
2016	女性参政権 70 周年イベント（於：上智大学），4 野党共同提出，自公共同提出
2017	与野党法案一本化成立，しかし提出見送り
2018	4 月衆院，5 月参院で可決・成立，5 月 23 日公布

クオータ研究に携わり，衛藤幹子と共同編集で『ジェンダー・クオータ：世界の女性議員はなぜ増えたのか』（明石書店）を2014年に刊行した。これはクオータに関する日本で初の学術書である。

学会での動きと並行して，2012年に既存の女性団体をまとめ上げたQの会が結成されていた（会長：赤松良子）。それを促したのが，第三次男女共同参画基本計画に基づく中川正春男女共同参画担当大臣による各党へのクオータの検討要請であった。そして，2014年のQの会主催の国際女性デー記念院内集会にて，中川正春氏がクオータ導入を求める議連結成を呼びかけ，それが翌年に実現したのである。つまり，Qの会の結成によってクオータを求める女性運動が可視化されるようになり，その動きに呼応したのが男女共同参画担当大臣を経験した中川正春氏であった。

■政党間調整

「政治分野における女性の参画と活躍を推進する議員連盟」は2015年2月26日に，中川正春会長，野田聖子幹事長，行田邦子事務局長の体制で，全政党から17人の参加を得て発足する（3月末には24人）。法案の中身を検討するワーキングチーム（WT）には福島みずほ，石橋通宏，宮川典子，重徳和彦，中野洋昌が就き，私もWTのアドヴァイザーとなり，4月から本格的な議論を開始した

前述の法案の中身を詰めたのはWTであり，理念法である候補者均等法（当時は「推進法」と呼んでいた）と同時に，公職選挙法改正によるクオータ導入および政党助成法の改正による政党交付金の傾斜配分についても議論した。理念法自体は特段支障なく合意形成が図られ，法案骨子は同年8月までにはほぼできあがっていた。議論の焦点はむしろ具体的なクオータの設計にあった(1)。WTにおいて目指したの

(1)　筆者の私案については，『週刊金曜日』2016.3.4および2016.6.10号を参照のこと。

は，衆議院の比例名簿において男女交互登載を可能にする仕組みであった。強制的なものではなく，導入したい政党ができるようにするものであったが，それでも政党間合意には時間がかかった。とりわけ与党内の調整が遅々として進まなかったことから，民進党が業を煮やし，先行して国会提出の準備を始めたことで局面が打開するようになる。もっとも，与野党間の調整は簡単ではなく，2016年の通常国会の閉会直前に野党4党は「男女同数」の候補者擁立をめざす法案を，与党は「男女均衡」をめざす法案を，それぞれに提出するに至るのである。公職選挙法の改正は民進党が単独で提出することになった。

この年は女性参政権行使から70周年を迎えており，筆者が編者となった『日本の女性議員：どうしたら増えるのか』（朝日新聞出版社）の刊行記念も兼ねたシンポジウムには議連会長の中川正春，Qの会代表の赤松良子も登壇し，約400人が集まり，推進法成立間近の熱気が感じられるものであった。それから2ヶ月もしないうちに与野党が決裂し別々の法案を出したことに，関係者一同落胆を禁じ得なかった。

この時点で公職選挙法改正は頓挫し，推進法を成立させられるかどうかが焦点となった。与野党で対立をした文言の調整が必要となり，公明党が仲介する形で，問題となった「同数」か「均衡」かという争点は「均等」という文言で落ち着き，さらには人材育成の条文が追加された。時間は要したものの，この与野党調整は候補者均等法の効力を高める条文が加わった点で意義のあるものであった。もっとも，実際の法案提出のタイミングは国会情勢に左右されることから，2017年2月には与野党法案一本化が実現していたにも関わらず，実際に国会提出・成立が実現するのにさらに1年を待たねばならなかった。

■院内と院外の連携

与野党の調整に関しては国会議員が主人公となりまとめるしかなく，また法案提出のタイミングに関しても，政治経験の長い議員の勘と根回しが不可欠である。この段階で市民社会ができることは，地道なロビー活動や世論喚起のアドボカシー活動である。

Qの会の強みは「院内」でのロビー活動であり，すなわち議員会館を舞台に議連メンバーへの要請行動を活発に行った。また，国会情勢を睨みながら，院内集会を適宜開催すると同時に，国対委員長や内閣委員会委員長・筆頭理事などへの働きかけを強化した。このような機動性を持ち得たのも，幹事に元国会議員3人が含まれており，国会の動向を素早く察知することができたからである。また，幹部メンバーはシニア世代であり，日中の時間を比較的自由に使うことができ，また健脚であったことも，院内活動を効果的に遂行するためには重要な条件であった。

他方，「院外」においてアドボカシー活動を担ったのは，研究者による度重なるシンポジウムの開催，若手グループ「パリテ・キャンペーン」によるSNSでの発信，「パリテ・カフェ」を通じた草の根交流，それらを漏らさず報道する女性記者を中心とするメディアであった。

図表15に2015年から現在までの筆者が関わった女性の政治参画に関する学術シンポジウムならびに女性運動のイベントをまとめた。学術イベントは大学研究所や学会が主催し，学術的な探求を目的とするが，女性運動が企画するイベントは女性の政治参画の意義を広く市民と共有するものである。院内におけるQの会の度重なる院内集会に加えて，院外において同一テーマのイベントが定期的に開催され，議連メンバーを中心とする国会議員も参加し，議論を深めていったことがわかる。それらすべてがメディアの関心を引いた。女性運動，研究者，メディアの連携が図られることで，法案成立への機運を高めたのである。このような経緯を踏まえると，候補者均等法は「市民立法」と呼んでよいだろう，この成功体験を踏まえ，関係各者による法律の

図表15　女性の政治参画に関するイベント

年	月	タイプ	タイトル	主催	登壇（発言）議員
2014	3月	学術	日本においてクオータは実現可能か？	政治家と政策研究会主催／クオータ制を推進する会・明石書店協力	
2015	2月	学術	女性議員の政治意識と政策志向	政治家と政策研究会主催	
	7月	学術	台湾はなぜアジアで２番目に女性議員が多いのか～議席割当と候補者クオータ～	お茶の水女子大学ジェンダー研究所・政治代表におけるジェンダーと多様性研究会	中川正春
	10月	学術	女性のリーダーシップと政治参画～グローバルな視点から～	お茶の水女子大学ジェンダー研究所	中川正春，行田邦子
	12月	学術	女性のリーダーシップで社会を変える	上智大学男女共同参画推進室	野田聖子，辻元清美，蓮舫
2016	4月	学術	女性参政権70周年シンポジウム　女性を議会へ　本気で増やす！	女性参政権70周年記念シンポジウム実行委員会	中川正春，大河原雅子，神本美恵子
	10月	運動	パリテcafé@神田	パリテ・カフェ事務局	
	11月	学術	ジェンダーの視点から選挙制度を問う	日本学術会議社会学委員会ジェンダー政策分科会・法学委員会ジェンダー法分科会・政治学委員会政策過程分科会・日本政治学会ジェンダーと政治研究会主催	中川正春，土屋品子，高木美智代，畑野君枝
2017	4月	運動	世界がパリテになったら	パリテ・キャンペーン実行委員会	野田聖子，山尾志桜里，池内さおり
	12月	運動	女性参政獲得記念パリテ・カフェ「2017年を振り返る」	パリテ・キャンペーン実行委員会	池内さおり，井戸正枝
2018	1月	学術	女性の政治参画を阻む壁の乗り越える～韓国・台湾におけるクオータ，政党助成金，候補車発掘	お茶の水女子大学ジェンダー研究所	
	4月	運動	誰もが働きやすい社会へ！パリテ議会（男女均等）で実現しよう！	パリテ・キャンペーン実行委員会	中川正春
2019	4月	学術	男女がともにつくる民主政治を展望する	日本学術会議法学委員会ジェンダー法分科会	稲田朋美，神本美恵子，行田邦子，竹谷とし子，田村智子，矢田わか子
	5月	学術	政治への女性の参画拡大を目指す～諸外国の取組に学ぶ～	日本政治学会ジェンダーと政治研究会	中川正春，行田邦子，神本美恵子，大河原雅子，辻元清美，高橋千鶴子，矢田わか子，福島みずほ

活用がその効力を高めていくのである(2)。

(2)　三浦まり「アクターの連携が生んだ『市民立法』：候補者男女均等法への

3　候補者均等法の実効性

候補者均等法は実際にはどの程度の実効性を持っているだろうか。施行後から1年の2019年4月には統一自治体選挙，7月には参議院議員選挙が実施され，一定程度の効力があったことが確認できる。

候補者における女性比率は，道府県議会で12.7%，政令指定都市議会は21.2%，市議会17.3%，東京の特別区議会26.5%，町村議会12.1%と，全てにおいて過去最高となった。当選者においても女性比率は記録を更新し，道府県議会で10.4%，政令指定都市議会は20.8%，市議18.4%，東京の特別区議会31%，町村議会12.4%となった(3)。

2019年7月に実施された第25回参議院議員選挙においても，候補者に占める女性比率は28.1%と史上最多となり，当選者は28人の史上最多タイとなった。参議院の定数が増えたため，改選議席における女性比率は22.6%と3年前の23.1%を下回ったものの，非改選を含めた参議院全体では56人（22.9%）となり，過去最多を記録した。統一自治体選挙に続き，候補者均等法の効果が一定程度あったことがわかる(4)。

■政党への効果

候補者均等法は政党に対して男女同数の候補者擁立を目指すよう求めるものである。したがって，その効力は第一義的には政党の行動変化を通じてもたらされる。

4月の道府県議会選挙における党派別の候補者の女性比率を比較す

歩みとこの先」『Journalism』2018年8月号，『論座』（2018年8月27日）に再掲（https://webronza.asahi.com/journalism/articles/2018081300006.html?page=2）。

(3)　総務省速報値。

(4)　より詳しい分析は三浦まり「候補者均等法の効果と課題～持続的効果に向けて～」『Voters』52号（2019年10月）および「「候補者均等法の効果と課題～持続的効果に向けて～」『Voters』52号（2019年10月）を参照。

ると，共産党 46%，立憲民主党 26%，社民党 18%，国民民主党 12%，公明党 8%，日本維新の会・大阪維新の会 7%，自民党 4%であった。参院選の党派別の男女数ならびに女性比率は図表 16 の通りである。高い順に社民党 71.4%，共産党 55.0%，立憲民主党 45.2%，国民民主党 35.7%，日本維新の会 31.8%，れいわ新選組 25.0%，自民党 14.6%，公明党 8.3% である。双方の選挙において，自民党と公明党の女性比率の低さが際立っている。とりわけ，最大議席を擁する自民党の女性比率が低いことが，国政においても道府県議会においても，全体の水準を低いものにとどめていることがわかる。

他方，共産党は男女均等をほぼ達成するかそれを上回っており，最も積極的に女性を擁立した。立憲民主党もまた高い水準となっており，参院選で 45.2% を達成したことは注目に値するだろう。

図表 16　第 26 回参議院選挙の党派別男女候補者数と女性比率

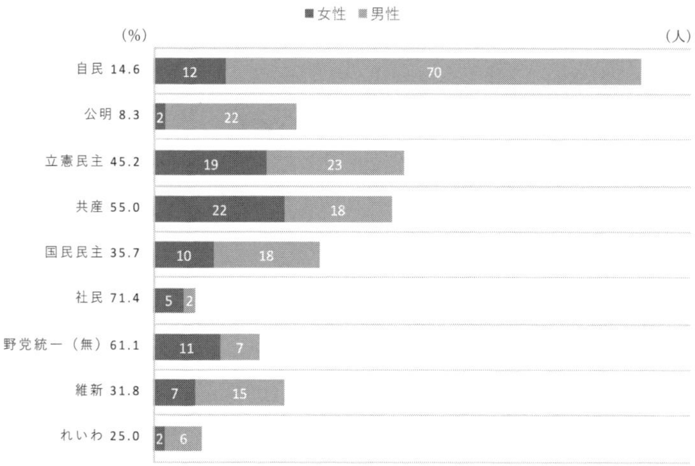

出典：総務省速報結果

候補者均等法は第 4 条で数値目標の設定を推奨しているが，国民民主党は 3 割の数値目標を設定し，立憲民主党は参議院の比例代表において４割の数値目標を定めた。両党ともに目標を上回る水準で女性を擁立しており，数値目標の効果が確かめられる結果となった。自民党内でも数値目標を求める動きが見られる。「女性議員飛躍の会」（稲田朋美共同代表）は「衆参国会議員候補の女性割合を３分の１とする数値目標設定」という提言をまとめ，2019 年５月末に岸田文雄政調会長に手渡した[5]。これを受けて党が動いた形跡はまだないものの，野党が持続的に数値目標を設定し，多数の女性候補者を擁立し続ければ，数値目標の設定自体が政党間競争の俎上に載るかもしれない。そのような市民社会やメディアからの働きかけが必要であろう。

■モニタリングとメディアの役割

政党が男女均等の候補者を擁立することは「努力義務」でしかないが，取り組み姿勢の政党間格差が報道され，消極的な政党が説明責任を負うことで全体的な底上げが可能になってくる。政党間競争が起きることがこの法律の効力をもたらす鍵となる。したがって，まずは候補者均等法を誠実に遵守する政党が現れることが不可欠である。この条件は共産党や立憲民主党の努力によってクリアできたことになる。

次に，政党間格差が報道各社によって伝えられることも不可欠である。実は，候補者均等法にはモニタリングについての言及がない。参院付帯決議において，内閣府は国会議員や政党における女性比率，政党の女性候補者の状況について実態調査を行うこと，総務省は地方議会の男女別人数や国政選挙届け時の男女別人数のデータを提供することとされている。基礎データの整備までは政府が行うが，それをどのように用いてモニタリング機能を担保するかの規定はない。

政党間競争を促すために不可欠なモニタリングは市民社会およびメディアによって担われた。市民社会では，Ｑの会が主催した 2019 年１月と３月の院内集会は，主要政党の取り組み状況を事実上ヒアリン

(5)　『朝日新聞』2019 年５月 29 日。

グする機会となり，また本書の基になった日本学術会議法学委員会ジェンダー法分科会の4月のシンポジウムおよび政党アンケートも同様の機能を果たしたといえるだろう。

メディアに関しては，党派別の女性候補者数や比率をほぼすべてのメディアが報じるようになったことは大きな変化である。選挙公示日の7月4日の夕刊に第一報が載り，読売新聞と毎日新聞は一面の党派別一覧表に女性の数値を載せた。翌日朝刊では，主要政党の女性比率の格差を朝日新聞と日経新聞は4面，毎日新聞は5面にて詳細に報じた。

政党幹部にコメントを求めた記事も多く出された。朝日新聞（7月4日付）は党首討論会における安倍首相の発言として，「自民党は女性が（候補者全体の）15%。まだまだ足りないし，努力不足だと言われても仕方がない」を載せ，さらに何年までに均等にしたいかとの質問に対し，「(2022年の）次の選挙は私の任期を超えているが，（女性）比率を20%以上にするべく努力したい」との返答を掲載した。また，参院選当日の夜の番組にて，安倍首相は「次の選挙でより多くの女性候補者を立てるよう努力を重ねたい」と表明している(6)。メディアがこれらの発言を引き出したことは極めて重要である。

政党の擁立姿勢に関する報道だけではなく，女性候補者・議員に焦点を当てた報道も相次いだ。また議会と女性に関する特集記事も2019年に入ってから多く組まれた。例えば，毎日新聞の「男女均等の政治へ『日本版パリテ法』元年」(2019年2月26日から全3回,)，読売新聞の「女性と地方議会　出産を考える」（全4回，2018年9月）や「女性と地方議会　選挙の壁」（全3回，2019年4月）といった特集が組まれたほか，朝日新聞「地盤なし・経験なし……それでも　女性2人，初選挙で明暗」(2019年4月22日）など，女性たちの経験が掘

(6)『東京新聞』2019年7月22日夕刊（https://www.tokyo-np.co.jp/article/politics/list/201907/CK2019072202000316.html）

り下げて語られた(7)。これ以外にも多数の女性議員に焦点を当てた記事が発出された。

これらの報道は二つの意味で重要である。一つには，女性候補者の立候補に至るまでの，また議員として活動する中での，葛藤や悩みが語られた点である。等身大の女性たちが経験してきたことを伝える記事を読み，これは自分のことだと感じた女性読者も多かったことであろう。個人的ストーリーが広く共有されたことで，自分も出てみようと思う女性たちの裾野が広がったに違いない。女性のなり手を増やしていくための種が撒かれるような報道であった。

第二に，女性候補者・議員が直面する様々な「壁」が明らかになってきたことである。女性の参画障壁のひとつにセクハラがある。週刊誌 AERA が 2019 年 2 月 6 日に「女性議員を追い詰める『票ハラ』被害が深刻化　その背景は？」を報じたことがきっかけに，票と引き換えに対価型のハラスメントを行う「票ハラ」という新しい言葉が流布するようになった。統一自治体選挙および参院選の報道を通じて，女性候補者のセクハラ被害が知られるようになってきたことは一歩前進である。それ以外にも出産や育児・家事等や議会慣行の障壁にも光が当てられており，これらの報道蓄積はクオータがやがて本格的に議論されるようになる際に活きてくるに違いない。

4　さらなる活用に向けて

政党やメディアの変化により候補者均等法はすでに一定の効力を発揮したが，さらなる効果を持つためにはどのような取り組みが必要であろうか。

---

(7)　報道した記者たちからの語りとしては，三島あずさ・椋田佳代・板東玲子「候補者男女均等法後の各地の女性たち――全国紙はどう伝えたか」『女性展望』2019 年 5-6 月号，7-11 頁を参照)。

■見える化の進展

候補者均等法の効果として忘れてはならないのは，女性の政治参画に関する調査ならびに見える化が進展している点である。もともと内閣府男女共同参画局は「女性の政治参画マップ」を毎年公表し，見える化に貢献してきた。候補者均等法が成立したことにより，さらに充実したデータ整備が進むことが期待される。

男女共同参画局のホームページにある「市町村女性参画状況見える化マップ」（http://wwwa.cao.go.jp/shichoson_map/?data=1&year=2018&todofuken=32）は女性議員だけではなく，首長，公務員管理職，審議会，自治会などの女性比率，また男性の育児休暇取得率や議会の欠席事由に出産が含まれるかどうかなども含む包括的なデータをインタラクティブに表示させることのできる優れたデータベースである。こうしたツールを市民団体が活用し，自分の地域において何が足りないのかを把握し，働きかけを起こすことが期待される。

都道府県レベルでも，様々な指標について日本地図を用いた参画マップが作成されている。地方議会に関しては，都市部の人口の多い市・区においては着実に女性比率が高まっているものの，都道府県議会のハードルは依然として高い。国政は前述のように国政政党の幹部に対して説明責任を追及することができるが，47の都道府県議会において政党の行動を監視するには地方紙や都道府県内の女性団体の役割が一段と大きい。参画マップを活用し，自分の都道府県の客観的な状況を把握することが第一歩となろう。

また，内閣府男女共同参画局による情報提供としては，海外事情の紹介も充実している。列国議会同盟（IPU）が毎年刊行する小冊子Women in Parliamentを仮訳しており，成果の状況を把握することができる。また候補者均等法の成立を受け調査研究会が立ち上がり，筆者が座長となりイギリス，フランス（以上2018年度），韓国，オーストラリア，カナダ，メキシコ（以上，2019年度）に関して本格的な調査を行なっている[8]。日本語では紹介されていなかった事実が公刊されることの意義は大きい。

■参画障壁に関する実態調査

メディアが「票ハラ」をはじめとする女性の参画障壁を報じるようになったことは大きな変化であるが，今後はより本格的な実態調査が望まれる。候補者均等法の参議院付帯決議にも，女性の政治参画への「障壁」について内閣府が実態調査を行うことが書き込まれている。女性議員を増やしていくためには，政治参画の障壁が男女で異なることが共有されることが必要である。参画障壁は男女共にあるが，女性の方が高い壁に阻まれている実態が知られることにより，女性を積極的に増やす努力が必要であるとの認識が広がるからである。

参画障壁に関しては，大きく2点の実態調査が待たれる。第一に，政治における女性に対する暴力（Violence against Women in Politics）に関する調査である。近年，列国議会同盟などの国際機関による調査報告が出されており，国際的に関心が高い分野である[9]。日本では支援者からの票を引き換えとする「票ハラ」という現象に注目が集まったが，女性が受ける暴力・ハラスメントは広範に及ぶ。場所も選挙運動中だけではなく，議会やネット空間でも生じており，これらの実態をプライバシーに配慮しつつ明らかにしていく必要がある。その上で，議会や政党が講じるべき防止措置や被害者救済制度について具体的な議論を始めるべきであろう。

第二に，政治活動と家族責任との両立である。ケア責任と両立しにくい政治活動にどのようなものがあるのか，それらは制度のどの部分

(8) 『諸外国における政治分野への女性の参画に関する調査研究報告書』(http://www.gender.go.jp/research/kenkyu/gaikoku_research_2019.html)。

(9) IPU (2016), *Sexism, Harassment and Violence Against Women Parliamentarians* (https://www.ipu.org/resources/publications/reports/2017-03/women-in-parliament-in-2016-year-in-review).

を変えることによって改善できるのかの議論の積み重ねが必要である。議会の欠席事由に出産を含めることはほぼスタンダードとなってきたが，次の課題としては育児・介護休業の取り扱い，議会日程の見直し，託児室・授乳室の整備，代理投票の検討などが含まれるだろう。いずれも日本の実態に関して現場の声を吸い上げるとともに，海外の好事例を調査し，日本にあった制度を構築していく必要がある。

■人 材 育 成

候補者均等法の両輪の一つである人材育成に関しては，候補者均等法に国及び地方公共団体がそれに資する施策を講じる努力義務が明記されたことから，今後は各地の男女共同参画センター／女性センターにおいて女性の政治参画に関する講座やセミナーが開催されることが期待される。これまでも女性の政治参画セミナーが企画されなかったわけではないが，政治的中立性への配慮から，どのように企画すればいいのかのノウハウが蓄積していない(10)。候補者均等法の成立は，女性の政治参画セミナーの実施対して法的基盤を与えるもので，このことの意味は軽くない。

民間団体も，超党派である利点を踏まえ，多様な候補者の発掘に資することができる。1990 年代には数々のバックアップスクールや女性を議会に送る会などが結成され，1999 年の統一自治体選において女性が躍進することに貢献した。候補者均等法をきっかけに，地域におけるこうした活動を再び活性化させ，新しい世代を巻き込むことが急務であろう。男女共同参画センターの女性政治参画セミナーが触媒となり，新たな連携を育むことが望まれる(11)。

(10)　全国女性会館協議会「男女共同参画センター／女性センターの政治分野における男女共同参画の推進に係る事業アンケート調査報告書」(2018 年 3 月)

(11)　三浦まり「政治分野における男女共同参画の動向と課題～人材育成への展望」『NWEC 実践研究』(2020 年，近刊) 参照。

筆者自身も女性のなり手を増やすために人材育成の必要性を感じ，申琪榮お茶の水女子大学准教授とともに一般社団法人パリテ・アカデミーを2018年3月に設立し，政治リーダー・トレーニングを提供してきた(12)。ほかにも円より子が運営する女性政治スクール，赤松政経塾，市川房枝記念会のセミナーなどがある。いくつものセミナーを掛け持ちする参加者もいるが，それぞれに特色があり，違った層の女性たちが集まってくるので，多種多様なセミナーが提供されることで新しい層を掘り起こすことができる。地方において提供されるセミナーが少ないことが課題であり，その意味でも男女共同参画センターや地方公共団体の役割は大きいといえよう。

また，政党も女性向けの政治スクールを強化させるところが出てくるだろう。これは政党が女性候補者を発掘する有効なルートになり得る。重要な点は，⑴政党の政策理念から選挙運動の実践まで，体系的なプログラムを組むこと，⑵参加に際して選抜を行う場合は，選抜基準を示すこと，⑶参加費用を低く設定し，開催時間を子育てと両立できるよう配慮すること，⑷参加する女性たちのネットワークや連帯感が醸成できるよう工夫すること，である(13)。

おわりに

男女均等の候補者擁立を目指すことを求める候補者均等法は，強制力のない理念法であるとしばしば指摘される。しかしながら，この法律を誕生させた女性運動，研究者，メディア，議員の連携とモニタリングにより，政党行動は変化し，女性のなり手も着実に増えている。法的な強制力以上に法規範が定着し，それを遵守させようとする不断

(12)　本書の申論文ならびに三浦まり・申琪榮「女性政治リーダーをどう育てるか？──政治分野における男女共同参画推進法の活かし方」(『都市問題』2019年1月号）を参照。

(13)　三浦まり「IV. 総括：日本において政治分野における男女共同参画を推し進めるための示唆」『諸外国における政治分野への女性の参画に関する調査研究報告書』(前掲)。

の努力が法的効力を発揮するためには重要である。

法規範の定着という意味では，筆者らの研究チームが毎日新聞社と共同で2019年3月～6月にかけて行った国会議員調査によると，回答があった140人が適切であるとする女性比率は平均で43%であった[(14)]。政党別では自民党38%，立憲民主党45%，国民民主党42%，共産党50%となる。この数字は法規範としての男女均等（パリテ）が浸透しつつあることを示唆する。法規範の存在を持続的に議員に意識させるのは，市民社会やメディアの役割である。

さらには，内閣府男女共同参画局による女性の政治参画に関する見える化の促進や参画障壁の実態調査が進めば，それらの情報をもとに効果的な改善策も見えてくるだろう。男女共同参画センターや地域の女性団体による人材育成の取り組みが活発化することで，女性の担い手が広く掘り起こされることを期待したい。

(14) 本調査は科学研究費基盤研究(B)(女性の政治参画の障壁：国会議員・県連の郵送への郵送・ヒアリング調査，研究代表：三浦まり，課題番号：18H00817）の一部である。回答率は約20%，回答者の政党内訳は自民党30人，立憲民主党37人，国民民主党26人，共産党15人であった。『毎日新聞』2019年7月18日（https://mainichi.jp/articles/20190718/k00/00m/010/212000c）

Ⅳ　候補者均等法の「一歩」が意味すること
―私たちは「他の生き方ができる」―

糠塚康江

はじめに

「政治分野における男女共同参画の推進に関する法律」(平成30年法律第28号)(以下,「候補者均等法」という。)は,超党派の議員立法として,衆参両院全会一致で可決成立し,2019年に入って統一地方選挙,参議院議員選挙で実施された。本稿では,法律の概要について説明し,制定の背景とその意義を論ずる。この作業を通じて,女性不在の民主主義とは異なる民主主義の構想を描くことで,意思決定の場に女性が存在することが,社会の閉塞感の呪縛を解く可能性をもつことを示してみたい。

1　候補者均等法の概要

(1)　目　　的

候補者均等法の目的は,「政治分野における男女の共同参画を効果的かつ積極的に推進し,男女が協働して参画する民主政治の発展に寄与すること」(1条)である。ここにいう民主政治は,「男女が協働して参画する」ことを内容とし,後述するように単純な多数決を意味する「数合わせ」をいうものではない。また,本法律は「男女」を主体とし,一方の性のみに着目するものでも,「女性を優遇する」ものでもない。

(2)　基本原則

上記目的を達成するための基本原則が,①「衆議院,参議院及び地方議員の選挙において，男女の候補者の数ができる限り均等になることを目指して行われること」（2条1項）である。ここにいう「均等」とは「同数」を意味することが，衆議院内閣委員会での法案審議に際し，畑野君枝議員によって確認されている[1]。すなわち，政党その他の政治団体が，議員選挙において候補者の数が男女同数になるように候補者を擁立することが定められたのである。「男女同数」ということから，推進法は「日本版パリテ法」とも呼ばれる。パリテ（parité）とは，「男女同数」を意味するフランス語である。求められているのは，候補者レベルの男女同数である。結果として議席においても男女同数となるとしても，それは，有権者による投票の結果，そうなるのであって，初めから男女同数になるように意図して議席を割り当てる仕組み（議席リザーブ制）[2] とは異なる。

さらに，候補者均等法は，②「男女がその個性と能力を十分に発揮できること」を求め，議員の人的資本の活用を狙っている。議決可否を決するための単なる「手上げ」要員，「受動機械」のような議員像は，ここでは想定されていない。「個性と能力を十分に発揮できる」議員活動を支えるために，③「男女が，その性別にかかわりなく，相互の協力と社会の支援の下に，公選による公職等としての活動と家庭生活との円滑かつ継続的な両立が可能となること」が求められている。これを受け，候補者均等法は，7条において，国および地方公共団体に環境整備を行うよう求めている。参議院内閣委員会は，候補者均等法の施行にあたり，7条に基づいて，「内閣府は，国会および地方議会における議員の両立支援体制等の環境整備に関する調査及び情報提

(1)　第196回国会衆議院内閣委員会議録第9号（平成30年4月11日）29頁。
(2)　ルワンダでは，多宗教・多言語状況において代表の多様性を確保するために，法律で「議席割当制」を導入している。この制度は，国会議員が「全国民の代表」であることを明示する日本国憲法には適合的ではない。ルワンダの制度については，辻村みよ子『憲法とジェンダー――男女共同参画と多文化共生への展望』（有斐閣，2009年）201頁以下を参照。

供を行うこと」，「総務省は，地方議会において女性を含めたより幅広い層が議員として参画しやすい環境整備について検討を行うこと」を附帯決議している。

(3)　候補者均等法の実施主体

候補者均等法を実施する主体として，国及び地方公共団体と並んで，「政党その他の政治団体」が名指しされていることが注目される。候補者均等法に先立つこと20年前，男女共同参画社会基本法（平成11年法律第78号）が制定された。この法律の下，「男女共同参画社会の形成は，男女が，社会の対等な構成員として，国若しくは地方公共団体における政策又は民間の団体における方針の立案及び決定に共同して参画する機会が確保されることを旨として，行われなければならない」（5条）として，「政策等の立案及び決定への共同参画」が推進されることが目指されていたが，女性の政治参画は，遅々として進まなかった（本書辻村論文，大山論文参照）。その要因の一つは，本基本法実施の責務を負う主体として列挙されているのが，国（8条），地方公共団体（9条），国民（10条）にとどまり，政党等の政治団体は含まれていないことにあったと思われる。政党等にとっては，「政策等の立案及び決定への男女共同参画の推進」は他人事の目標であって，自ら主体的・積極的に取り組むべき課題とは自覚されていなかったきらいがある。それゆえ，候補者均等法が，「政党その他の政治団体」を名指した意義は大きい。「政治分野における男女共同参画の推進」という政治課題は，政党その他の政治団体にとって，もはや他人事ではない。もっとも，候補者均等法によれば，「政党その他政治団体は，前条（＝2条）に定める政治分野における男女共同参画の推進についての基本原則（…）にのっとり，政党その他の政治団体の政治活動の自由及び選挙の公正を確保しつつ，政治分野における男女共同参画の推進に関して必要な目標を定める等，自主的に取り組むよう努めるものとする」(3条) にとどまる。このことをもって男女共同参画社会基本法の二の舞になるという意見もあるが，後述するように，それほど悲観することはないというのが筆者の見立てである。

国および地方公共団体は，前述の環境整備に加え，国内外における政治分野における男女共同参画の推進に関する取組の「実態の調査並びに当該取組に関する情報の収集，整理，分析及び提供」，あるいは「当該地方公共団体における実態の調査及び情報の収集等」を行い (5条)，「国民の関心と理解を深めるとともに，必要な啓発活動を行う」(6条)。

2　制定の背景 ― 表象装置としての議会

(1)　男女共同参画の国際標準

候補者均等法の背景に，女性差別撤廃条約7条がある。同条は，女性に対して男性と平等の条件で，(a)「あらゆる選挙及び国民投票において投票する権利並びにすべての公選による機関に選挙される資格を有する権利」，(b)「政府の政策の策定及び実施に参加する権利並びに政府のすべての段階において公職に就き及びすべての公務を遂行する権利」，(c)「自国の公的又は政治的活動に関係のある非政府機関及び非政府団体に参加する権利」を確保することを締約国に求めている。これは，政治参画は，選挙権・被選挙権の享受だけでは不十分で，決定の審級に女性が存在していること，言い換えれば，選挙による議員職並びに政治執行に関わる政府の要職に女性が就いていることの必要性をいっている。

なぜ，男女が共同して参画する民主政治を発展させなければならないのか。男女共同参画局が紹介する二つの国際文書がその理由を明快に示している。一つは，1995年第4回世界女性会議行動綱領182で，「政治に携わり，また，政府及び立法機関の意思決定の地位にある女性は，政治的な優先事項を定義し直し，女性のジェンダーに固有の問題，価値観及び経験を反映し，かつそれに対処する新しい項目を政治的課題にし，並びに主流の政治問題に関して新たな視点を提供することに寄与」（総理府仮訳）[(3)] するからである。男性中心の政治では，男性の関心が政治争点化しやすく，女性の関心事はその陰に隠れてしまう。女性議員の存在はそのような問題を政治争点化し，より広い視野で政治課題を追求できるようにする。また女性にとって，同じ経験をしている女性議員の方が，よりよく自分たちの意見を反映できると想定される。とりわけ，差別され従属的地位に置かれたジェンダー固有の問題は，それを理解する共感力を必要とする。もちろん女性であれば誰でもこの共感力をもつわけではないが，日本でも，女性議員が超党派で結束し，「DV 防止法」を成立させ（2001 年），その後の法改正にも尽力したことが知られている。

今一つは，男女共同参画局が候補者均等法のために作成したリーフレット[(4)] で紹介している，列国議会同盟（IPU）の 1997 年「民主主義に関する普遍的宣言」である。「民主主義の確立のためには，男女がその違いから生まれる互いの長所をいかし，平等に，かつ補い合いながら機能する，社会の営みにおける男女の真のパートナーシップが前提となる」（内閣府男女共同参画局仮訳）。よって，政治分野における男女共同参画が必須となる。

(2)　代表制理論の展開

決定主体が居並ぶ統治機構の頂上レベルでは，国会による決定が唯一審議を公開し，決定のプロセスを可視化している。そうであれば，決定主体としての議会が，国民の存在を「再現前する」（représenter）ことによって，決定の民主的正統性を強化することが可能になる。審

(3)　http://www.gender.go.jp/international/int_standard/int_4th_kodo/chapter4-G.html（2019 年 10 月 20 日最終閲覧）
(4)　http://www.gender.go.jp/about_danjo/law/pdf/law_seijibunya04.pdf（2019 年 10 月 20 日最終閲覧）

議の充実という側面のみならず，女性の関心の争点化のためにも，議員団がそうした動向に敏感な感受性をもつ必要がある。この点にかかわって，憲法 43 条の「国民代表」との関係を検討しておく必要がある。

憲法 43 条は，国会が「全国民を代表する選挙された議員」から組織されることを定める。ここにいう「代表」は，「国民代表」を意味し，国民代表制は，伝統的理解によれば，選挙人（さらにはあらゆる拘束）からの議員の切断を組織化する法原理である。選挙人に対する議会の独立宣言こそが，代表制の本質であった。代表制は，特殊利益（個別的配慮要求）から「距離」をとることによって，議会が表明する「一般意思」の正統性を確保する体制と言い替えることができる。

市民の統治とのかかわりを代表者の選挙の場面に限定しながら，政治上の必要に応じて選挙人資格に制限を課す選挙制度が続いたことから，19 世紀前半の民主化要求は，選挙権の拡大要求に収斂されていった。そのため普通選挙制が確立すると，代表と選挙が密接不可分なものと観念されるようになった。このことは，統治過程において選挙＝投票が決定的に重要なモメントとなったことを意味する。国民の代表者は，少なくとも実在する選挙人の意思とはまったく独立に国政について判断すべきだとは考えられず，それをできる限り忠実に国政に反映すべきだと考えられるようになった。憲法 43 条にいう「代表」は，こうした側面も内包している。

「民意」自体が「実在する」としても，それ自体を認識することはできない。議会への「民意の反映」という場合，選挙制度によって切り出されることで，いわば解読コードが与えられ，ようやく「選挙結果」という「民意」が把握される。選挙＝投票が民主的正統性について統治過程で決定的なモメントとされることは，それを介して，国民の意思と議会の意思が同一視され，議会の決定に異論をはさむ余地をなくす。かような想定の下にある選挙民主主義によって，議会多数派は，自らの正統性の根拠を，普通選挙を通じて表明された有権者の多数の支持を得たことに求めることが可能となった。このことにより，議会制定法は政治的な多数派の意思に左右されることになり，法律の内容は具体的な政治状況に依存することがあからさまになる。

(3)　代表制理論の熟議民主主義的転回

選挙に起点をおく民主的正統性が万能ではないということは，選挙による代表制の回路が法的にも万全な信頼を寄せられるものではないことを意味する。「代表制の危機」はほぼ恒常的に論じられているが，この不信は法治国家の根幹にかかわるだけに深刻である。最近の立法学の進展は対応の一つと考えられるだろう(5)。

代表制の回路への対処として近時有力に主張されているのが，「熟議（あるいは討議）民主主義」である。「熟議民主主義」にはさまざまなバリエーションがある。最大公約数的にいえば，熟議民主主義モデルは，「人々の間での討論と反省を重視」し，「討論を通じて意見を提出し合い，また自身の見解にも修正を加えてより良い合意を目指す」(6)。この「熟議的転回」を経て，現代代表制理論は，「民意」の絶えざる構成プロセスの側面を重視する傾向にある。代表制のプロセスは，「熟議」を組み込むことで，「『代表性（représentativité）』の精度を上げ続ける永久運動として描かれる」(7)。このモデルは，一面では「古典的代表制」に親和的である。そこでは，選出母体から独立した代表者が理性的議会審議を通じて「一般意思」を形成することが理念として示され，熟議民主主義モデルでは，熟議を通じて私益の集積と

---

(5)　この点につき，糠塚康江「立法手続における『影響調査』手法の可能性──『より良き立法プロジェクト』への寄与のための試論」岡田信弘＝笹田栄司＝長谷部恭男編『高見勝利先生古稀記念　憲法の基底と憲法論──思想・制度・運用』（信山社，2015年）を参照。

(6)　早川誠「代表制民主主義におけるつながりと切断」宇野重規編『政治の発見4巻 つながる──社会的紐帯と政治学』（風向社，2010年）160頁。

(7)　糠塚康江『現代代表制と民主主義』（日本評論社，2010年）22頁。

は異なる「公益」が導かれる。他面，古典的代表制では，身体性を有する選挙人との切断を核心として，想定された「均質な国民」（代表される者）と代表者との法的同質性が確保されていたのに対し，熟議民主主義モデルでは，もはやこの前提は成り立たない。等質な社会を想定しえないところで，「選好の変化」を通じたコンセンサス，「公益」の追求は可能なのか。この点について，政治思想の山田竜作は，アイリス・ヤング（Iris Marion Young）を援用し，「相互に異質だからこそ対話する必要性が生じるのであり，皆が同じ意見ならばそもそも対話の必要もないかも知れない」[8] と指摘する。等質な社会の想定がなければ「決められない」という思考回路は，人々に対して同質であることを有形無形に強いる同調圧力を増大させるだけである。人々が相互に異質でありながら，なお「公益」を追求して人々が「語る／聴く」というコミュニケーション過程を持続させることに，熟議民主主義の意義がある。

(4) 《medium》としての議員[9]

熟議空間と代表制民主主義の回路を接続するのが議員である。「議員は，一方で選挙区の意思を『反映』しながら，他方で何が一般意思であるかを同僚議員との討論・説得のなかで自己の良心に基づいて判断し，両者の乖離を選挙民への働きかけ（討論・説得）を通じて埋めてゆくという役割をはたさなければならない」[10] 存在である。来る選挙に備えて政党が政策体系をまとめ上げるにせよ，不満を抱く地域の声をくみ取って「民意」に対する応答性を高める必要がある。地域の声をくみ取るのは，日常的に選挙人と接する個々の議員である。議員

---

(8)　山田竜作「現代社会における熟議／対話の重要性」田村哲樹編『政治の発見 5 巻 語る ── 熟議／対話の政治学』（風向社，2010 年）34 頁。
(9)　この項目の詳細については，糠塚康江「議会制民主主義 ──〈medium〉としての議員」憲法問題 30 号（2019 年）83-85 頁を参照。
(10)　高橋和之『立憲主義と日本国憲法〔第 4 版〕』（有斐閣，2017 年）365 頁。

と選挙人相互のコミュニケーションこそが，熟議空間と統治空間を接合する環である。有権者は，それぞれの利害に基づいて自由に投票を行う。議員は分散した有権者の利害を集約し，公共的な政策に高める職務を担う。公共性を帯びた政策の正統性を，人々の暮らしの文脈（生活界）に即して理解可能なように有権者に説明することも，議員の役割である。議員は政治界と生活界とを往復して，medium としての役割を果たす通訳者である。

「選挙」であることから選挙人は自分より資質の優れた代表者を選出することを望んではいるが，他面，自分との「類似性」を代表者に見出すことを欲している。議員の出自は一般国民のそれとは異なっており，両者に社会学的な類似性はない。議員の側が選挙人の像に近づくよう振舞うこと（mimétisme）・共感を示すことで，「類似性」を生み出している(11)。実在する選挙民との対話・交流から議員が政治課題を導き，その解決策を探るのであれば，選挙民の意向や感情を受け止める議員団の感受性の感度が，議会の「代表性」を決することになる。そうであれば，ジェンダーの視点なくして現代政治を語れない(12)以上，女性議員の存在は必須の要請といえる。

3　女性の政治参画促進の技法

(1)　日本の女性議員率の低迷

日本の女性が参政権（選挙権・被選挙権）を獲得したのは，1945 年 12 月のことである。女性たちが初めて選挙権を行使したのは翌年 4 月の衆議院議員選挙だった。女性の候補者率は 2.9%であったが，当

(11)　Bruno Daugeron, *La notion d'élection en droit constitutionnel : Contribution à une théorie juridique de l'élection à partir du droit public français,* Dalloz, 2011, pp.913-914.

(12)　三浦まり「変革の鍵としてのジェンダー平等とケア」同編『社会への投資――〈個人〉を支える〈つながり〉を築く』（岩波書店，2018 年）218 頁以下を参照。

選した女性議員率は8.4%に達した。その後，女性の立候補者・当選者の数は低迷し，女性議員率の最高値を更新するのは，半世紀以上を経た2005年9月の郵政選挙を待たなければならない。直近の2017年の衆議院議員選挙を経た女性議員率は，10.1%（47人）である。IPU（列国議会同盟）による2019年9月現在の調査では，下院もしくは一院制議会の女性議員比率の世界平均は24.3%で，日本は193カ国中164位である。参議院の女性議員率は同じく2019年現在で22.9%（56人）ではあるが，地方議員の女性議員率は，国会議員より低調である（本書辻村論文，大山論文参照）。

日本を含め，各国に共通していることは，男性が女性に先行して参政権を獲得し，男性主流で政治界が形成されてきたことである。その間男性中心に政治が考えられるというコードが出来上がってしまった。女性が途中で参入しても，このコードに従った振る舞いを強要されたため，女性本来のあり方が通用せず，女性に参政権が認められた後も，長らく女性は政治的少数者にとどまり続けた。しかし，多くの国々で女性議員を増やすためにクオータ制をはじめとする技法を選挙制度に導入したことから，日本の女性議員率の世界順位は相対的に低下した。日本の場合，そもそも女性候補者が少ないことが，女性議員率の低迷につながっている(13)。女性差別撤廃委員会は，日本の女性差別撤廃条約実施状況報告に対して，「選出及び任命される地位への女性の十分かつ対等な参画を加速させるため，……法定クオータ制などの暫定的特別措置をさらに取り入れること」(14)を繰り返し求めているが，当の国会は自らの当事者性に無自覚であった(15)。

---

(13)　前田健太郎『女性のいない民主主義』（岩波書店，2019年）173頁以下を参照。

(14)　2016年3月7日付の女性差別撤廃委員会「日本の第7回及び第8回合同定期報告に関する最終見解」（CEDAW/C/JPN/CO/7–8）パラ31。http://www.gender.go.jp/international/int_kaigi/int_teppai/pdf/CO7-8_j.pdf（2019年10月20日最終閲覧）

(15)　糠塚康江「7条」国際女性の地位協会編『コンメンタール 女性差別撤廃

(2)　フランスにおける「パリテ」の導入

パリテは，女性議員を増やすために，世界で初めてフランスが導入した手法である。フランスの女性が参政権を獲得したのは，日本の女性とほぼ同じ時期，1944年のことである。通時的にみると，日本の衆議院とフランスの下院の女性議員率は，ほんのしばらく前までは，団栗の背比べのような状況であった（図表17参照）。今日のような開きが生じたのは，フランスがパリテを導入したからである。意志を以て自ら改革を断行したのか，思考停止状態で自然に任せてきたのかの違いである。

図表17　日仏下院女性議員率の推移

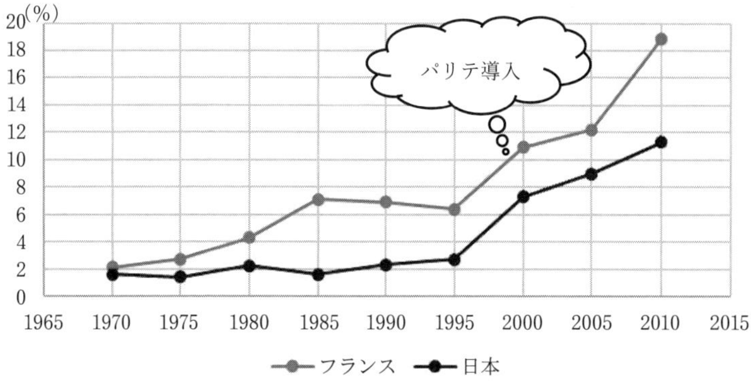

出典：平成23年版男女共同参画白書の統計資料（CSVファイル）から作成

フランスがなぜパリテを導入したか(16)というと，いわゆる性別クオータ制がフランスの憲法裁判所にあたる憲法院（Conseil constitution-

条約』（尚学社，2010年）200頁参照。

(16)　導入の経緯，またその後の展開については，糠塚康江『パリテの論理──男女共同参画の技法』（信山社，2005年），糠塚康江「平等の理念とパリテの展開──男女『平等』の意味を問う」同ほか編『講座政治・社会変動憲法──フランス憲法からの展望　第Ⅱ巻　社会変動と人権の現代的保障講座』（信山社，2017年）147頁以下を参照。

nel）によって，違憲と判断されたからである。憲法院は，名簿式2回投票制で実施される人口3,500人以上のコミューン（地方）議会議員選挙（当時）について，「候補者名簿は同一の性を75％以上含むことはできない」とする法律の規定は，「選挙人と被選挙人のカテゴリーによるあらゆる区別に対立する」憲法原理に反すると判断した（CC nº82-146 DC du 18 novembre 1982）[17]。この判決は，政治領域に性を基準とするポジティブ・アクションの導入を困難にした。

そこで考え出されたのが，パリテである。クオータ制は，「割当制」と訳されるように，「どれだけ」「どのグループに」割当てるのかなど，正当化の手続が必要になる。対してパリテは，男女半々の候補者擁立をデフォルト，初期設定にするという主張である。もっともパリテは，男女の区別を前提にする。この点で性別クオータ制と変わりはないとして，フランスでは「パリテ論争」[18]が巻き起こった。しかし，「男女半々」という分かりやすさは世論に受け入れられ，憲法改正によって憲法院の違憲判断が乗り越えられた。

1999年の憲法改正で追加されたフランスの憲法規定は，3条5項「法律は，選挙によって選出される議員職と公職への男女の均等なアクセスを促進する」と，4条2項「政党は，法律によって定められる条件にもとづき，第3条最終項（＝5項）に規定する原則の実現に貢献する」である。前者の規定が，「パリテ条項」と呼ばれる。2008年の憲法改正でパリテ条項は1条2項に移動され，現在の規定は，「法律は，選挙によって選出される議員職と公職，ならびに職業的および社会的要職に対する男女の平等なアクセスを促進する」となっている。

憲法の規定を具体化するのが，選挙法である。2000年6月6日の

---

(17) 本判決については，糠塚康江「性別クオータ制違憲判決」フランス憲法判例研究会編（辻村みよ子編集代表）『フランスの憲法判例Ⅱ』（信山社，2013年）119頁以下を参照。

(18) 「クオータ制」と「パリテ」との違い，「パリテ論争」については，糠塚・前掲注(7)190頁以下を参照。

いわゆる「パリテ法」によって，パリテが実定法化された。選挙の仕組みによって，パリテを実現する方式が異なる。何度かの改正を重ねて，2つの方式に収斂された。名簿式投票制の場合は，候補者を男女交互に登載するよう名簿構成を義務づける方法をとる。小選挙区2回投票制で選挙が実施される下院については，男女の候補者比率がパリテから乖離する率に応じて，政党助成金のうち得票数に応じて配分される部分（第Ⅰ部分）について調整を行うことで，政党にインセンティブを与えるという方式がとられた(19)。大政党は，獲得議席に応じて政党助成金（第Ⅱ部分）を得ることもできるので，候補者擁立に際してパリテの要請を尊重せず，下院の女性議員率はなかなか上昇しなかった。また小選挙区2回投票制をとっていた県議会議員選挙については，政党助成金方式をとることもできず，さらにいっそう女性議員率は低迷し続けていたところ，2013年の選挙法改正でペア方式が導入された。これは，多数代表制2回投票制を維持したまま，選挙区数を半減してこれまでの1人区を2人区に改め，男女ペアでの立候補を義務づけるものである。2015年の選挙によって県レベルで完全パリテ議会が実現し，議場の光景は一変した。

なかなか女性議員率が上昇しなかった下院であったが，2017年，男女半々の候補者を擁立したマクロン（Emmanuel Macron）大統領の新党が勝利を収めることで，女性議員率が39.7%に急上昇し，IPU調査で，2019年9月現在，G7第1位，世界第18位に躍進した。

4　政党の「努力」──「理念」法，されど理念「法」

(1)　「理念」法，されど理念「法」

先にも指摘したように，候補者均等法が理念法であることで，実効

(19)　当初，政党・政治団体候補者数の男女の開きがその全体数の2%を超えたときに，その開きの50%を選挙時の得票数に応じて配分される公的助成金（第Ⅰ部分）の減額率としていたが，その後徐々に減額率は引き上げられ，2014年8月4日法律によって減額率は150%となった。

性は期待できないという意見がある。政治的事情として，法律による強制手段の導入は現行の選挙制度の改正を必要とすることから，現行制度から既得権益を得ている現職議員の反発が大きいということがあった。もっとも，強制力のある手段を導入しようとすれば，フランスの事例にみるように，国民主権・平等原則とのかかわりでタフな法的論争を惹起したかもしれない。理念法にとどまることで，こうした論争は回避されたともいえる。

とはいえ，全会一致の成立によって，「候補者男女均等」は与野党横断的に「大義」を獲得した。これからは「候補者男女均等」がデフォルトとなる。党内世論の一致が見られないことを理由に「候補者男女均等」を見送ることは，信義則上困難なはずである。当然のことではあるが，現職の男性議員を多く抱えている与党には，「候補者男女均等」はかなり高いハードルとなる。現職を差置いて新人の女性候補者を擁立することなど，政治界の慣行上，ありえないことだからである。2019 年の参議院選挙に際し，公示日前日の 7 月 3 日，日本記者クラブで党首討論会が開催された[20]。その席上，候補者均等法への取り組み状況について質問が出された。安倍自由民主党総裁は，「(自民党の) 参議院の (女性の) 候補者が 15%ということでありますが，まだまだ足りないし，それは努力不足だと言われても仕方がないと思っております」と，リップサービスかもしれないが，反省の弁を言わざるをえなかった。

むろん候補者均等法の成立は，ゴールではない。この法律を用いて「男女が共同して参画する民主政治の発展」を促さなければならない。候補者均等法で求められるのは，「女性議員を増やす」ブレない政党の取組である。有権者に対する約束として，党則に明文規定を設けることが目安となる。ドイツでは，ある政党が自主的に女性のためのク

(20)　ライブ配信の録画を https://www.youtube.com/watch?v=YAXqqHrH2LI (2019 年 10 月 20 日最終閲覧) で視聴できる。

オータ制を導入したことで，有権者の獲得をめぐる政党間の競争が生じ，結果として他の政党もクオータ制を導入し，女性議員率上昇の現象がみられた 。これにならえば，女性候補者率について，政党間の競り上げを引き起こすことが重要だろう。候補者擁立に余裕のある野党が，候補者均等法の成功のカギを握っている。政権交代が，女性議員率飛躍をもたらすことになろう。

(2)　政党風土の変革

フランスの事例が示すように，率直に言って，候補者における男女均等の実現は，政党次第である。たとえサンクションを導入したとしても，政党がそれによる不利益よりも現職を優先させることに固執すれば，候補者における男女均等は実現できない。

そこで重要なのは，マスコミによる報道や有権者による監視である。国および地方公共団体は，実態調査および情報収集（5条），啓発活動（6条）の責務を負っている。法律の附帯決議によれば，内閣府は，「首長，閣僚，国会議員及び政党における女性の割合，議会における両立支援体制の状況，政党における女性候補者の状況，女性の政治参画への障壁等に関する実態調査，研究，資料の収集及び提供を行」い，総務省は，「地方公共団体の議会の議員及び長の男女別人数並びに国政選挙における立候補届出時の男女別人数の調査結果を提供するとともに，地方公共団体に対する当該調査等への協力の依頼を行う」。さらに内閣府は，「啓発活動に資するよう」，「国内外の政治分野の男女共同参画の推進状況に関する『見える化』を推進する」。附帯決議の趣旨を生かすために，高い専門性と独立性をもつ「監視」機関の設置が望まれる。この点で，男女共同参画会議が付置する専門調査会を，かつてのフランスの「パリテ監視委員会」的に活用することも一案だろう。

ところで，「女性が立候補したがらない」という女性責任論がある。

確かに女性候補者擁立には困難はあるかもしれない。問題は「なぜ困難なのか」である。女性の立候補を困難にしている事情を探ることで，より生きやすい社会構築のための課題とそのための処方箋が見つかるかもしれない。候補者均等法は，「環境整備」（7条）と「人材の育成及び活用」（8条）を定め，この問題に対処しようとしている。女性候補者を増やす具体的な方策については先行研究[21]に譲るが，「候補者男女均等ありきでは適材適所の人材擁立ができない」というありがちな批判に一言しておきたい。選挙において主要な対立軸は「政策」である。何らかの政治プログラムを擁護していることを理由に候補者が選ばれるのであって，この点は女性であろうとなかろうと違いはない。「女性だから選ばれた」という疑いが生じるのは，政党の候補者選考過程が不透明だからである。逆に選考過程が透明であれば，政治にかかわりたい新人を性別を問わずにリクルートしやすくなり，候補者の多様化も進むだろう。

本法律の当面の射程は，政党の自主的な努力を促す点にあり，法律の成否は，政治文化そのものの変革にかかっている。「必要があると認めるときは」，「必要な法制上のまたは財政上の措置等を講ずる」（9条）ことになっている。考えられる法制上の変更として，当面，2点ある。一つは，選挙制度の改革である。既存の選挙制度を前提にするということで，推進法とともに国会には提案されることはなかったが，法案準備過程で，衆議院議員比例代表選挙の重複候補に比例代表単独候補を混ぜて男女を交互に当選させる仕組みの導入が図られていた[22]。男女同数を達成するためには，幻に終わったこの公選法改正案のような，何らかの選挙制度改革が必要になるだろう。

今一つは，候補者男女均等擁立のインセンティブを政党に与えるよ

(21) 三浦まり編著『日本の女性議員 どうすれば増えるのか』（朝日新聞社，2016年）参照。

(22) 三浦まり「アクターの連携が生んだ『市民立法』候補者男女均等法への歩みとこの先」Journalism339号（2018年）28頁を参照。

うな政党助成金制度の改革である。政党助成金制度は，「議会制民主政治における政党の機能の重要性にかんがみ」，「政党の政治活動の健全な発達の促進及びその公明と公正の確保を図り」，「民主政治の健全な発展に寄与する」ことを目的としている。「女性の存在する民主主義」が民主主義の理念になっている以上，これを促進することが政党に求められている。これを積極的に推進できない政党は，政党助成金を受け取る資格に疑いが生じる。むろん政党の自律性は，結社の自由の名において尊重されるが，政党助成金を交付される資格とは，別次元の話である。結社の自由を謳歌するだけで民主主義の発展に寄与することなく，政党助成金交付の特権を享受することには，大いに疑問がある。政党助成金については，現職国会議員が所属する政党のみに資格を与えている点で平等原則に反するなどかねてより厳しい違憲論(23)がある。加えて政党に民主政治の健全な発展への寄与を期待できないのであれば，政党助成金制度を設立した立法趣旨からも逸脱し，違憲論の説得力が増すと考える。

おわりに——政治文化の変革を目指して

19 世紀から 20 世紀にかけて，女性たちは参政権を求めて，参政権獲得の運動に身を投じた。政治を担う男性に対して改革を要求するために，参政権を必要としたからである。今日，政策決定の場への女性の参画が要求されている。改革の責務を男性とともに担うことに女性たちは名乗りを上げた。女性が参画することによって，これまで争点化されてこなかった問題が問われ，目に見える変化が起きることが期待できる。

もとより政治界での女性の不在は，公私二元論批判を通してジェンダー理論が告発してきたことである。政治界だけでなく，市場，市民

(23)　高田篤「憲法と政党」大石眞・石川健治編『憲法の争点』（有斐閣，2008 年）28-29 頁。

社会，家庭生活において，ジェンダー平等が追求されなければならない。長きにわたる女性の不在によって，「他の生き方がある」ことを，私たちは想像できないでいる。その行き詰まりが，少子高齢化であり，環境破壊であり，破滅的な格差社会という現実である。男女のパートナーシップを推進する候補者均等法は，政治界，市場，市民社会，家庭生活において，これまでにない生き方の構想に通じる。候補者均等法が，今日の閉塞感打破の一歩になることを願ってやまない。

V　選挙制度改革で地方議会を変える

大山礼子

1　地方議会の危機

地方議会を取り巻く状況は厳しい。とりわけ問題なのは，住民の間に議会に対する不信感が根強く存在していることであろう。議員定数の削減を求める声はやまず，議会不要論まで登場するありさまだ。「議員が何をしているのかわからない」という住民も多い。

議会不信の高まりと同時に，議員のなり手不足も問題となっている。2017年には，高知県大川村が議会の廃止を検討しているというショッキングなニュースが報じられたが，なり手不足に悩んでいるのは大川村だけではない。町村議会の場合，無投票当選者の割合は1980年頃まで全体の1割以下にとどまっていたが，2019年の統一地方選では375町村中93町村の議会選挙が無投票となり，無投票当選者は当選者全体の23.3%に達した。定数割れとなった議会も，前回の4から8に増加している。

都道府県議会においても，1人区を中心に無投票当選が急速に広がっている。2019年の統一地方選に参加した41の道府県議会のすべてに無投票となった選挙区があり，無投票当選者の比率は26.9%まで上昇した。この数字は前回より5ポイントも高く，過去最高の記録である。県によっては，定数の半数近くが無投票当選だったところもある。

なり手不足によって選挙が実施されないと，議会はますます住民から遠い存在になり，不信感を助長することが懸念される。議会不信が深まれば，議員をめざす人材はさらに減少してしまうだろう。現在の地方議会は，まさにそうした悪循環に陥っているといえそうである。
候補者が減少し，選挙に活気が失われるのと並行して，有権者の選挙への関心も低下している。実際，2019年の統一地方選では，東京都の特別区長選挙を除き，軒並み投票率が下落して最低記録を更新した。道府県議選の投票率は最低記録だった前回の45.05％を下回る44.01％であった。選挙が実施されても有権者の半数以下しか参加しないのでは，議会制民主主義そのものの前提条件が揺らいでしまう。投票に参加しない住民にとって，議会がどれほど改革に取り組んでいようと，議員がどんな活動をしていようと，「他人事」でしかなくなる。
だが，人口減少に直面する地域社会において，議会の果たすべき役割は今後，大きく変化し，一層重要になっていくと考えられる。人口減少と低成長の時代にあっては，従来型の利益分配とは逆に，負担の分配を議論する必要性が生じる。住民サービスの水準引き下げ，インフラの整理統合など，これからの重要課題に取り組むには，住民の合意が不可欠である。議会は，さまざまな意見や利害を代表する議員が忌憚なく話し合い，大方の住民が納得できるような結論を導くための場であるはずだ。議会を見限り，直接民主制的手法に期待する意見も一部にあるが，よほど小規模な自治体でもない限り，多くの政策課題について議会抜きに住民の合意を得るのは不可能である。議会が機能不全に陥れば，自治そのものが成り立たなくなってしまう。
ただし，議会がその役割を果たすには，住民からの信頼が前提条件となる。議員が自分たちの代表として活動しているという信頼感がなければ，住民は議会での議論の結果を受け入れようとはしないだろう。

2　議員の偏りが政策の偏りをもたらす

なぜ，議会は住民から信頼されないのか。その原因の一つは，議員の偏り，すなわち住民とかけ離れた議員構成にあるのではないか。
二元代表制のしくみを採用している地方自治体において，議会は本来，多様な人材が参加する「社会の縮図」であるべきだろう。ところが，現実の地方議会の議員構成は著しく偏っており，さまざまな立場の住民を代表する場として機能していない。

まず，地方議員の年齢構成をみると，都道府県議会，市区町村議会ともに，20歳代の議員はきわめて少なく，30歳代と合わせても1割に満たない。町村議会では議員の8割近く，市区議会では6割近くが60歳以上である。町村議会の場合，50歳未満の議員はわずか8%しかいない(1)。男女を問わず，子育て世代の意見はほとんど地方議会に反映されていないということだ。職業の偏りも大きい。議員専業者を除くと，最も多いのは農林業であり，建設業，卸売・小売業がそれに続く。給与所得者の議員は少なく，地域団体や業界団体の代表が多数を占める議会の姿が想像される。

しかし，諸外国と比較した場合，日本の地方議会が抱える最も大きな問題は女性の過少代表にあるといってよい。国会，とくに衆議院における女性議員比率が世界最低レベルであることは周知のとおりだが，日本の地方議会における女性議員比率も，特別区議会などを除くと衆議院並みにとどまっている。2018年末の時点で，衆議院の女性議員比率は10.1%（世界193カ国中の162位）であったが，地方議会全体の女性議員比率もそれをわずかに上回る13.1%に過ぎず，都道府県議会は10.0%，町村議会では10.1%であった。しかも，全国の地方議会1788のうち約2割にあたる339議会には女性議員が1人もいなかった(2)。

常識的に考えて，地域社会における教育や福祉を担う自治体の議会

(1)　全国都道府県議会議長会「都道府県議会提要」（平成27年7月1日現在），全国市議会議長会「市議会議員の属性に関する調」（平成30年8月1日現在），全国町村議会議長会「第64回町村議会実態調査結果の概要」（平成30年7月1日現在）。
(2)　朝日新聞社の調査による2019年1月1日現在の数字（朝日新聞2019年2月17日）。

では，国会以上に女性の活躍が期待されるはずだ。実際，地方議会から女性の進出が始まった国は多い。近年，ヨーロッパの多くの国々では，クオータ制（政党による取り組みを含む）の導入によって，国レベルでも急速に女性議員が増加しているが，それに先立って，地方議会での女性議員の増加がみられた。フランスの場合，パリテ導入前の1995年時点では，国会における女性議員比率は上院5.6%，下院6.0%に過ぎなかったが，日本の市町村議会に相当するコミューン議会における女性議員比率は21.7%に達していた(3)。また，イギリスでも，2013年の下院における女性議員比率は22.5%だったが，同時期の地方議会における女性議員比率はすでに3割を超えていた(4)。日本の地方議会における女性議員の少なさは，国会以上に深刻な問題なのである。

議員構成の偏りは政策決定の歪みをもたらす。女性議員の比率が政策決定に及ぼす影響についてはすでに先進諸国で研究の蓄積があり，日本では女性議員の多い地方議会ほど議会改革が進んでいるという分析もある(5)。少なくとも，女性議員ゼロの地方議会で，保育園整備の問題などを論じることの不自然さは明らかである。日本の少子化が一向に改善しないのも，女性議員の少なさと無関係ではなかろう。

政策の歪みは家族政策や女性政策の分野にとどまるものではない。利益分配を主要な任務としてきた従来型の地方政治においては，地域代表や業界代表主体の地方議会も一定の役割を果たしてきたといえる。しかし，これからの時代の地方議会には，多様な人材，とりわけ新しい発想のできる「しがらみ」のない人材が必要である。女性議員はその代表格といえよう。

---

(3)　https://www.insee.fr/fr/statistiques/3354428

(4)　Centre for women and Democracy, *Sex and Power 2013: Who runs Britain?*, Counting Women In coalition, 2015.

(5)　日経グローカル編『地方議会改革の実像――あなたのまちをランキング』日本経済新聞社，2011年など。

3　推進法の効果と限界

政治分野における男女共同参画推進法の施行後，初めての全国規模の選挙となった2019年の統一地方選では，立候補者および当選者に占める女性の割合が過去最多となった。また，1958年の市制施行以来，女性議員ゼロが続いていた鹿児島県垂水市議会で初めて女性１人が当選するなど，変化の兆しもうかがえた。

ただし，過去最多とはいっても，共同参画にはほど遠い結果だったといわざるをえない。地方議会選挙における女性の立候補者および当選者はいずれも全体の約16%，人数はそれぞれ2942人，2453人で，前回（2015年）統一地方選の数字と比較すると１割程度の増加となった。しかし，もともと女性の立候補者，当選者ともに回を重ねるごとに増加傾向にあった（図表18）ので，推進法はそれをやや加速させた

図表18　地方議会における女性議員比率の推移（総務省調べ）

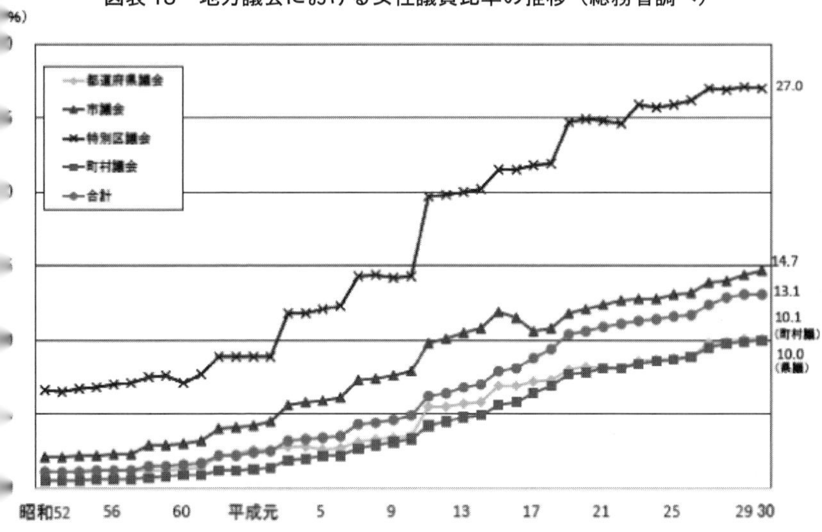

出所：総務省「地方公共団体の議会の議員及び長の所属党派別人員調」等より作成
（各年12月31日現在）。

かどうかという程度である。市議選（政令指定都市を除く）では候補者中の女性比率は17.3%，当選者中の比率は18.4%まで上昇したが，道府県議選では候補者中の比率は12.7%，当選者中の比率は微増の10.4%にとどまった。

政党の対応にも温度差があった。候補者に占める女性の割合は，共産党39%，公明党31%，立憲民主党27%，社民党18%，維新17%，国民民主党14%と続き，自民党はわずか7%だった(6)。このうち，前回までに女性候補者の割合が3割から4割に達していた共産，公明両党の数字にはほとんど変化がなかったが，現職の少ない立憲民主党は40%の数値目標を掲げて女性の擁立をはかり，目標には届かなかったものの，前回の民主党の数字と比較すると大幅な増加となった。他方，自民党は前回が前々回（2011年）と比較して54%増であったのに，今回は16%増にとどまった。現職議員を多数抱える政党では女性の新人の擁立はむずかしく，推進法の影響は限定的であることを示した結果といえるだろう。政党による取り組みの違いは，政党化が進んでいる道府県議選をみると一層明らかである（図表19）。

推進法の効果が最もはっきりと感じられたのは，マスメディアの変化だったかもしれない。各紙とも女性候補者・当選者の比率を見出しで扱うなど，従来とは異なる報道がなされ，地方版では女性当選者のプロフィールも報じられた。また，女性の進出を阻む壁について分析した連載記事なども目立った。女性の政治参加を促すには，多くの人々に現状を認識してもらうことが第一歩であり，すでに議員となっている女性の活動を知らせることも立候補を検討している女性たちへの後押しになるであろう。報道の変化は長期的には社会全体の意識改革につながり，大きな意味をもつのではないかと期待される。

とはいえ，強制力を伴わない推進法に即効性が乏しかったことは否

(6)「候補者均等法と統一地方選――選挙データから女性の動向をさぐる」『女性展望』2019年7-8月号。

図表19　道府県議選における政党別女性候補者・当選者比率（2019年統一地方選）

政党名	候補者中の女性比率（%）	当選者中の女性比率（%）
自民	4.2	3.5
立憲	26.0	24.6
国民	12.4	14.5
公明	8.4	8.4
共産	45.7	51.5
維新	14.3	12.5
希望	50.0	—
社民	16.0	18.2
諸派	11.9	7.6
無所属	14.1	14.6

「候補者均等法と統一地方選 — 選挙データから女性の動向をさぐる」（『女性展望』2019年7-8月号）掲載のデータにより作成。

定できない。今後は，現職議員の引退時などに女性を積極的に擁立するよう，政党に対して継続的に働きかけていく必要がある。同時に，推進法の理念を実現するために，さまざまな制度改革にも踏み込むべきではないだろうか。

4　現行選挙制度の問題点

それでは，これから，どのような改革に取り組むべきなのか。

女性議員を増やすための早道は，クオータ制の導入であるが，導入へのハードルは高い。クオータ制実現への道筋を探りつつ，それ以外の制度改革を考えていくのが現実的だろう。

地方議会の選挙制度は基本的に戦前からの制度を引き継いでおり，1950年に選挙に関する規定がほぼそのまま公職選挙法に移されて以来，抜本的な改革は行われていない。その間，日本社会は大きく変化し，農村部から都市部への大規模な人口移動があったが，選挙制度の本格的な見直しはなされず，最低限の調整だけでしのいできた。そのため，現行制度にはさまざまな歪みが生じている。

政令指定都市を除く市区町村議会の選挙は，市区町村全域を一つの選挙区とする大選挙区制で行われている。法律上は自治体の判断にもとづいて選挙区を設定してもよいことになっているが，現職議員の利害対立や実務上の困難から選挙区を設けるのは容易ではなく，これまでのところ，ほとんど例がない。定数は自治体ごとに異なるが，定数が何人であろうと，有権者が選ぶことのできるのはたった１人の候補者だけであり，単純に得票順で当選者が決まる。同じ政党やグループから複数の候補者が立候補していた場合，そのうちの１人に票が集中し，当選ラインを大きく越えたとしても，余った票を同じ政党のほかの候補者に分けることはできないので，いわゆる「同士討ち」が生じる。このしくみを単記非移譲式とよび，世界的にはきわめて特異な選挙制度である。

人口規模の大きな自治体においては定数50という議会も存在するが，それでも有権者が選べるのは１人だけである。その結果，大規模な議会では，有効投票の2%以下，有権者比では1%未満の得票で当選する議員も少なくない。とくに都市部では，候補者との個人的なつながりをもたない有権者が多数の候補者のなかから１人を選ぶのは困難で，有権者の無関心や棄権につながりかねない。逆に，固定票を確保できる候補者は比較的容易に当選を見込むことができ，多くの議席が地区代表や団体代表の指定席になりがちだという問題もある。町村議会において，団体役員などの職務を終えた中高年男性が議席の大多数を占めている現状は，選挙制度にも原因があるということになろう。

他方，都道府県および政令指定都市の議会選挙は選挙区を設定して行われている。選挙区ごとの定数は選挙区の人口に比例して配分するのが原則であり，定数２以上の選挙区では単記非移譲式により，得票順に当選者を決定する。定数１の選挙区（小選挙区）では政党本位の選挙になりやすいのに対して，定数の多い選挙区では個人本位の選挙となり，同じ議会の議員を選ぶ選挙でありながら，選挙区ごとにまったく性格の異なる選挙が実施されることになる。小選挙区制と中選挙区制が混在している状態といってもよい。1人区のほとんどは農村地帯にあるので，農村地帯に支持基盤をもつ政党は1人区の議席を独占できるのに対して，都市部を基盤とする政党は都市の選挙区でも他党と議席を分け合わなければならないという不公平も生じている。

そのうえ，選挙区ごとの定数の差は，人口移動によって急速に拡大してきた。都道府県議会では，1947年には154区（18.4%）であった1人区が2013年までに460区（40.4%）に増加した一方で，県庁所在地など都市部の選挙区の定数だけが多くなる傾向にあり，定数10以上の選挙区が全国で27もある。鹿児島県の例では，21選挙区のうち過半数の11区までが1人区，9区の定数が2人から4人であるのに対して，鹿児島市（および島しょ部）の選挙区だけが定数17と突出して大きい(7)。1人区では無投票当選となることが多く，鹿児島県の場合，2019年の統一地方選において選挙が実施されたのは，11区のうち4区だけだった。政令指定都市議会では，定数1の選挙区は今のところ存在しないが，都道府県議会同様に定数のばらつきは大きい。

5　どのように選挙制度を改革すべきか

現行制度の問題点を克服するには抜本的改革が必要だが，その際，女性をはじめとする多様な人材の進出を容易にするにはどのような制度が適切であるのかを，重要な論点の一つとして考慮すべきであろう。

2019年統一地方選における道府県議会選挙のデータから，女性候補者比率および当選率が選挙区ごとの定数によって左右されることが明らかになっている（図表20）。候補者全体に占める女性の比率が12.7%であったのに対して，1人区では8.3%にとどまり，当選率にも

(7)　総務省自治行政局選挙部「都道府県議会議員の選挙区等の状況（平成25年9月1日現在）」2014年。

図表 20　道府県議選における選挙区種別女性候補者比率および当選率（2019 年統一地方選）

選挙区種別	立候補者中の女性比率（%）	女性立候補者の当選率（%）
1 人区	8.3	31.9
2 人区	10.3	42.4
3 人区	14.5	58.9
4 人区	16.2	66.7
5 人以上区	15.6	82.3
全体	12.7	60.9

総務省選挙部の集計データにより作成。

大きな差があった。選挙区が小さいほど，女性は立候補しにくく，立候補しても当選しにくいのである。

そこで，都道府県議会や政令指定都市議会で女性議員を増加させるには，1 人区や 2 人区を減らすのが効果的と考えられる。同じ議会の議員を選ぶ選挙なのだから，選挙区ごとの定数の格差を揃えることは理にかなっているともいえる。ただし，政党化の進んでいる都道府県や政令指定都市議会の選挙において，単記非移譲式の選挙制度（中選挙区制）は同一政党の候補者間で同士討ちを生じさせ，かつての衆議院選挙でみられたような個人本位の選挙を継続させる結果となるので，選挙区を大きくするのであれば比例代表制の採用を検討すべきではなかろうか。

これまでの諸外国における研究でも，小選挙区制よりも名簿式の比例代表制を採用した議会において女性議員比率が高まる傾向にあることがわかっている。その理由として，政党側が候補者名簿を作成する際に多様な人材を登載し，政党の姿勢をアピールしようとすること，また，拘束名簿式であれば男女を交互に配置する方式などの導入が容易であることなどが指摘されている。

議院内閣制下の議会の場合には，政府の安定という観点から，議会内に内閣を信任する安定した多数派（与党）が存在することが望ましいという考え方があり，比例代表制導入に対する反対の論拠となることがある。一般に比例代表制では多数派が過半数議席を確保するのは困難で，小党分立になりやすいとされるからだ。しかし，地方議会の場合，二元代表制をとっているため多数派形成の必要性は低く，比例代表制のデメリットは比較的少ないと考えられる。

もっとも，自治体の地域全体を一つの選挙区として比例代表制の選挙を導入した場合には，地域の代表をどのように確保するかが課題になるかもしれない。同じ地域に居住しているというだけでそこの住民が「共同の利益」をもつのかは疑問であり，単純に議員は地域代表であるべきだということはできないが，議員と住民との紐帯を維持する必要はあるだろう。ドイツ連邦議会のような小選挙区と比例代表の併用制を導入するなどの方法も理論的には可能だが，小選挙区の公平な区割りを実施するのは簡単なことではない。自治体の区域をいくつかの比例代表区に分割し，それぞれ5議席ないし10議席程度を選出する方法が現実的なのではないか。非拘束名簿式を採用して，地域住民が地域の代表に投票できるようにすることも考えられる。

他方，政党化が進んでおらず，無所属議員が多数を占めている市町村議会においては，比例代表制の導入はむずかしいかもしれない。その場合には，有権者が1人の候補者だけを選ぶのではなく，たとえば定数20の議会では2人，30の議会では3人など，複数の候補者を選択できるようにする制度（「制限連記制」）を導入することも考えられる。制限連記制の下では，有権者が2番目，3番目の選択として，女性や若者などこれまでの平均的議員像とは異なる候補者に票を投じる可能性が高い。実際に，戦後まもなく，一度だけ衆議院議員の選挙に制限連記制が用いられたときには，39人という当時としては記録的な数の女性議員が誕生している。また，制限連記制の下では，候補者がグループを作り，まとまって選挙運動を行うと予想されるので，より政策本位の選挙が可能になるのではないかと期待される。有権者の側からは，多数の候補者全員を比較・検討するのではなく，グループを基準に投票先を選ぶことができるというメリットもある。

地方議会のなり手不足が大きな問題となっている現在，長らく不変だった地方議会の選挙制度のあり方が新たな論点として浮上している。地方議会の現職議員の間でも，議会に新しい人材を呼び込み，多様化をはかる必要性が認識されるようになってきた。改革の機は熟しているのではないだろうか。

6　新しい人材を地方議会に送るために

新しい人材を地方議会に送り，活躍してもらうためには，狭義の選挙制度だけでなく，選挙に関わるさまざまな制度の見直し，あるいは議会の運営の見直しも不可欠である。

女性の立候補を阻む要因として指摘されるものの一つに，金銭面での負担がある。町村議会を除き，立候補には供託金が必要である。供託金の額は，都道府県議会では60万円，政令指定都市議会では50万円，一般市の議会および区議会では30万円となっている。供託金制度は売名目的の立候補などを防ぐためのものと説明されており，一定の票（有効投票総数÷その選挙区の議員定数÷10）を獲得した場合には供託金は返却されるが，立候補時点でまとまったお金が必要であることに変わりはない。金銭的な理由で立候補を断念することのないよう，供託金の廃止，引下げなど，制度の見直しが必要であろう。

実際の選挙では，ポスター貼りの人手の確保をはじめ，人件費，通信費，交通費など，さまざまな経費がかかる。市議会議員選挙の場合，その額は200万円から800万円ともいわれる。政党からの公認を得たとしても，政党からの援助でその経費のすべてをまかなうのはむずかしい。自民党の場合，公認料として支給されるのは10万円から数十万円程度だという。

新人候補の立候補を促すには，選挙運動の自由化も検討すべきだろう。日本では選挙運動を行える期間が限定されているが，選挙運動期間は戦後，何度か短縮され，現在は都道府県議会および政令指定都市議会が9日間，市区議会7日間，町村議会5日間となっている。日頃の議員活動を通じて有権者と接触できる現職議員と異なり，新人候補が自らの政策を有権者に訴えるには，ある程度，時間をかけて選挙運動を行わなければならず，1週間程度の選挙運動期間では不十分であろう。

また，日本の選挙運動規制は「べからず選挙」ともよばれ，戸別訪問の禁止をはじめ，諸外国には例のないほど厳しい。インターネットを利用した選挙運動は2013年に解禁されたが，その内容は限定的で，候補者や政党は有権者に電子メールを送ることができるが，受け取った有権者が友人にそのメールを転送することは許されていない。新人候補が新しい発想で選挙運動に取り組むことができるように，規制の柔軟化が求められる。

選挙権についてはようやく18歳への引き下げが実現したが，被選挙権年齢の見直しは行われておらず，地方議会では25歳以上のままである。少なくとも選挙権年齢の引き下げに見合った改正は必要であろうし，なり手不足になやむ町村議会では選挙権と同じ18歳にすることも考えてよいのではないか。若すぎて頼りないと有権者が思うのであれば，投票しなければすむことだ。

民間企業などで働く普通の勤め人が立候補を考えたときには，選挙期間中，仕事を休まなければならないことが高いハードルとなる。議員という公務への参加を支援する意味で，裁判員制度にならって立候補休暇の制度化を検討してもよいのではないか。公務員が地方政治を志す場合，現在は立候補前に辞職しなければならないが，勤務地以外の自治体議会への立候補であれば認める，辞職は当選時とするなどの柔軟な対応も考えられる。同様に，たとえば市議会議員が県議会に挑戦するような場合には，現職のままで立候補を可能にすべきである。

立候補時点での辞職を強制している国は，日本以外にあまり見当たらない。

多様な人材を受け入れるために，地方議会の運営にも見直すべき点があるのではないか。現在は，年4回，定例会を開いている議会が多いが，その都度，1週間から2週間，拘束されるため，ほかの職業との両立は困難である。しかし，多くの市町村議会では議員報酬が低くおさえられているので，現役世代が議員専業で生活していくのはむずかしい。むしろ，議会を通年制とし，曜日と時間を決めて会議を開くほうが，予定を立てやすく，他の職業や家庭との両立が容易になるのではないだろうか。

従来とは異なるタイプの議員が参入することによって，議会内に軋轢が生じることもある。2017年には熊本市議会において子連れで出席した女性議員を厳重注意処分にするという事件があったが，議会には多様な議員を受け入れる寛容さが望まれる。ようやく議員に当選しても，議員活動が負担となり，1期でやめていく議員は少なくなく，とくに女性議員に多くみられるという。地方議員の場合，さまざまな行事への出席など，本来の議会活動以外の負担も大きい。そうした活動が本当に必要なのかどうか問い直し，負担を軽減することも考えるべきだろう。

7　意識の壁を乗り越える

2019年統一地方選の期間中には，推進法の効果もあって，多くの新聞や雑誌に女性議員の少ない現状を分析する記事が掲載されたが，そこで目立ったのは，「社会の意識が壁になっている」，「男性，女性双方の意識改革が必要だ」という結論であった。

社会の意識は現状を映す鏡である。現実を後追いするもの，といってもよい。筆者が経験したところでは，18歳選挙権が実現する以前，当事者である大学1～2年生に18歳選挙権についてどう思うかをたずねると，「18歳には判断力がないから，選挙権は必要ない」といった消極的意見が多かったが，実際に法制化されると，積極的評価が大多数を占めるようになった。女性議員が3割を超え，半数に迫るようになれば，「意識の壁」が問題とされていたことなど，だれも思い出さなくなるに違いない。

しかし，まずは第一歩を踏み出さなければならない。制度改革によって現状を変えるとともに，意識の壁を崩していく努力も必要になる。

地方議会への女性議員の進出を促進するには，地方政治が生活に直結する問題であり，議会が政治を変える場であるという認識を多くの女性たちに共有してもらう必要があるだろう。地方議会の側が住民に歩み寄り，政策づくりで協働するなどの活動を行うことは，住民の意識を高めるうえでも重要な意味をもつ。特定のテーマについて，少数の議員と住民が共同して政策づくりに取り組み，地方政治への関心を高めた参加者のなかから議員が生まれた長野県飯綱町議会の「政策サポーター制度」などが参考になるだろう。

これまでは，政治に関心の高い人たちが，かえって議会への不信感を強め，議会を迂回する政策実現に期待する傾向があったように思われる。しかし，住民参加などの直接民主制の手法は地方の民主主義を補強するために役立つが，それだけで地方自治が成り立つわけではない。議会を見限るのではなく，よりよい議会を作っていくことが，住民の責務なのではないだろうか。

Ⅵ　政党戦略とジェンダー——1990年代以降のイギリスにおける女性議員の増加[(1)]

武田宏子

1　超党派の女性議員による「イギリス統合」のための内閣構想

2019年8月，イギリスは依然としてEU離脱をめぐる国民投票を端緒とする「政治危機」の真只中にあった。前年11月に公表されたEUとの離脱合意案は，庶民院において3度否決され，議会内勢力がEU残留を含めた複数の選択肢をめぐって多数派を形成できない状況が続いていた。そうした国内の政治状況に，3月29日という当初の離脱期限は10月31日まで延期されることが認められ[(2)]，与党保守党では新しい党首が選出されて首相が交代したが，議会の膠着状況が解消する見通しは8月の時点になっても全く立っていなかった。むしろ，2016年国民投票時に，不正確な情報を喧伝するなど過度にポピュリスト的な手法を用いて離脱派キャンペーンを率いたボリス・ジョンソン（Boris Johnson）が首相の座に着き，離脱実現のためには議会を停止することも厭わないと発言したことから，新政権に対する不信感が一層高まり，議会内における離脱強硬派と離脱穏健派/残留派の対立

(1)　本章はイギリスの事情を紹介する論稿であるため，本来ならばより詳細な脚注を付けて情報源を明示すべきであるのだが，紙幅の都合上，割愛せざるをえなかった。本稿の土台となった『諸外国における政治分野への女性の参画に関する調査研究報告書』は内閣府のホームページからアクセスすることができるので，参考文献についてはそちらを参照されたい。

(2)　その後，2019年10月に2度目の延長が認められ，ブレグジットの期限は1月31日となった。庶民院はその後，2019年早期議会総選挙法を可決し，投票日を2019年12月12日として総選挙が行われることになった。

は更に先鋭化していった。こうした状況にあって，イギリスの議会では，合意なき離脱という国家存亡の危機を回避し，ジョンソン政権を倒して総選挙に持ち込むための手段として，超党派の暫定政権を組む構想が複数，提案された。この白熱した議論の中にあってユニークさで注目されたのが，緑の党から唯一，庶民院に選出されている議員であるキャロライン・ルーカス（Caroline Lucas）が提案した超党派の女性議員 10 人で構成する「イギリスの統合」（national unity）のための緊急事態内閣（emergency cabinet）であった。なぜ女性のみの内閣なのかという疑問に対し，ルーカスは次のように説明している。

> 女性は危機に対して異なるパースペクティブを提出することができるし，意見を異にする人々にも働きかけて，解決方法を見つけるために協力することができると私は信じている。北アイルランド紛争が最悪であった時期に，平和と人びとの運動（Peace People Movement）を始めたのはベティ・ウイリアムズ（Betty Williams）とマレード・コリガン（Mairead Corrigan）というふたりの女性であった。（気候変動に関する）パリ協定の締結に主要な役割を果たしたのは，クリスティアナ・フィゲレス（Christiana Figueres）とセゴレーヌ・ロワイヤル（Ségolène Royal）というふたりの女性であった。女性たちのリーダーシップのおかげで，手に負えないような厄介な問題が解決に向かって前進する端緒が切り拓かれてきた(3)。

こうしたルーカスの主張には，賛成意見のみではなく，厳しい批判も寄せられた。中でも，ルーカスが内閣の構成員として提案した女性議員の中に，BAME（Black, Asian and Minority Ethnics）の議員が一

(3)　Lucas, Caroline (2019) 'I am calling for a Cabinet of Women to Stop a Disastrous No-deal Brexit', The Guardian, 11 August 2019, https://www.theguardian.com/commentisfree/2019/aug/11/cabinet-women-no-deal-brexit-caroline-lucas（最終アクセス 2019 年 8 月 27 日）.

図表 21　ウエストミンスター議会における女性議員比率

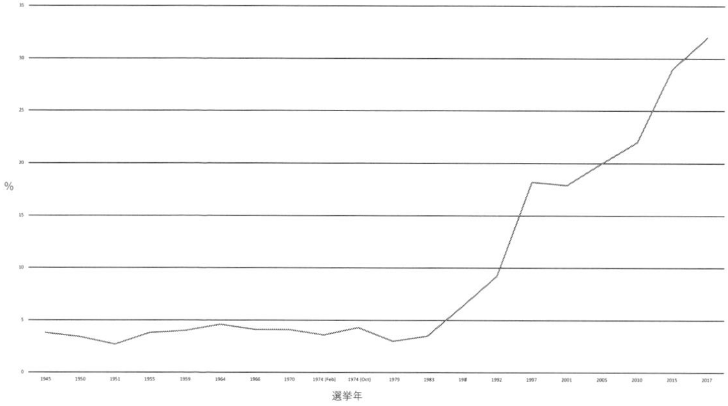

出典：http://www.ukpolitical.info/FemaleMPs.htm

人も含まれていなかったこと，そして党内左派が率いる当時の労働党の影の内閣から選出されたのが一名のみであったことから，主に労働党支持者たちから提案の趣旨に対して疑念の声があげられた。

同時に，ルーカスの提案によって起こった論争によって次の２点が確認されたと言える。第一に，2019 年８月の時点までには，女性のみで内閣を組織することのみならず，その選定の仕方をめぐって論争が起こり得るほどに十分な数の有力な女性議員がイギリス議会には存在するようになっていたこと。加えて，主要な論点は女性議員の中から閣僚の候補者をどのように選抜するのかということであり，女性議員が男性議員とは異なる政治スタイルを用いて，重要で，ユニークな政治的貢献をしてきたこと，また今後もそうした貢献をなし得る可能性があるということ自体は問題とされなかったこと。言い換えれば，2019 年８月の時点までには，女性のみで内閣を構成することで国難を脱することが可能であるという主張が真剣に受け止められる程度まで，イギリスの女性議員たちは政治家としての地位と実力を政治過程内において確立していた。

次節で詳述するように，イギリス議会において女性議員の数が増加し，集団としての存在感を示すようになったのは1997年以降のことであり，したがって，イギリスの女性議員たちは20年ほどの短い時間の間に政治過程において自らの存在感と意義を確立することに成功したと言える。同時に，この過程においては，総選挙に勝って政権に就くために，労働党と保守党という二大政党が定めた選挙戦略が大きな意味を持った。言い換えれば，イギリスにおいて女性議員の数が増加し，影響力が拡大した過程において，理念としてのジェンダー平等がどの程度，達成されるべき政治的目標として意識されていたのかという問題については，慎重に検討される必要がある。そこで，本稿では，以下，イギリスで女性議員が増加した過程において労働党および保守党内で実施された具体的な施策について概観し，その上で両党のそうした政治的努力によりどういった政治的変化が生じたのか，そして，そうした政治的変化がジェンダー平等を求める政治においてどのような意義を持ったのか考察する。

2　政権奪還の鍵としての女性有権者
―1997年総選挙に向けての労働党による党改革

1997年総選挙は，イギリス現代政治の展開において大きな転換点となった選挙である。この選挙において地滑り的大勝利をおさめたのはトニー・ブレア（Tony Blair）率いる労働党であり，これにより実に18年ぶりに保守党から労働党に政権交代が行われた。一時はイギリスの政党システムは一党優位制に転換してしまったのではないかと議論されたほど不調であった党勢を覆して，労働党が政権に返り咲くことができたのは，1980年代以降に行われた党改革を通じて，労働党が「ニュー・レイバー」として制度的にも，イデオロギーの面においても変身を遂げたことを理由としている。そして，その「ニュー・レイバー」に関して特筆されるべき点であるのが，党内における女性議員の数と存在感が一気に拡大したことであった。

列国議会同盟（Inter-parliamentary Union, IPU）の「国会における女性」（Women in National Parliaments）セクションで閲覧できる最も古いデータは1997年1月1日付けのものであるが，この初めてのランキングにおいて，女性議員比率が9.5%であったイギリスは50位に位置している(4)。この記録は，当時，既に女性議員比率の高さで国際的に知られていた，ランキングの1位と2位であったスウェーデンとノルウェー（女性議員比率がそれぞれ40.4%と39.4%）のみならず，経済発展の程度ではイギリスに遥かに及ばなかったアイルランド（31位，13.9%）や，権威主義的な社会主義体制から転換し，民主主義政体としては歴史が浅かったポーランド（34位，13.0%）といった国々からも遅れを取っていたことを示している。図表21が示すように，1997年総選挙はこうした状況を一挙に変える効果を持った。この選挙で選出された女性議員の数は120名であり，前回の1992年総選挙の記録である60名から倍増したことになる。そして，1997年総選挙で当選した女性議員の大半が，労働党所属の議員であった。図表22は，庶民院における女性議員の数の推移を表にしたものであるが，現在に至るまで，イギリスの二大政党の間には女性議員の数において決して小さくないギャップが存在しており，前回2017年総選挙においても，当選した女性議員208名のうち過半数の117名が労働党議員であった。このように，イギリスにおける女性議員の増加は，労働党が先鞭をつけ，現在に至るまで主導することによって実現したと言うことができる。

女性の政治代表の量的拡大に関する比較研究は，イデオロギー的志向性から平等を政治的価値として重んじる左派政党の方が，右派政党と比べて，女性候補者の擁立により積極的であり，その結果，より多

(4) http://archive.ipu.org/wmn-e/arc/classif010197.htm（最終アクセス2019年11月24日）。

くの女性の政治代表を議会に選出する傾向にあることを指摘している[5]。労働党の歴史な展開は，しかしながら，労働党が左派政党であったからこそ，女性たちが候補者として選挙に出馬し，議員となる際に，「党員」という資格において男性たちと同等に競争しなければならないという高いハードルが存在していたことを示している。女性が労働党に入党を認められるようになったのは普通選挙権が成立した1918年にまで遡る。この後，労働党では女性のための組織として女性労働党連盟（Women's Labour League）と女性協同組合（Women's Co-operative Guild）が立ち上げられたが，既に多くの論者によって議論されているように，こうした制度は女性たちが労働党内で実質的な決定権限を有するという意味では役に立たなかった。パメラ・M・グレーヴス（Pamela M. Graves）はこの理由を次のように整理している。

> 労働党の1918年憲章は，労働党の女性たちを異なる利益を有する利益集団として限定的に扱った。すなわち，独立の会合を設定したいという彼女たちの欲求を認め，地域および全国レベルの党の会合に最低限の代表を持つことが保証された。しかしながら，政策形成に影響するための権限に関わる領域の全てにおいて，女性たちは男性である「同志」たちと変わらないと見なされ，したがって対等の条件で男性党員たちと競争しなければならなかった[6]。

労働党が社会主義／社会民主主義を標榜する政党であるが故，労働党と党員や所属議員との関係はイデオロギーによって規定されるべきであり，そこにジェンダーは介在しない。こうした認識は，労働党所属の女性議員の草分け的存在であるバーバラ・キャッスル（Barbara

(5)　例えば，Krook, Mona Lena (2010) 'Women's Representation in Parliament: a Qualitative Comparative Analysis', *Political Studies,* 58 4: 886-908.

(6)　Graves, Pamela M. (1994) *Labour Women: Women in the British Working Class Politics 1918-1939,* Cambridge: Cambridge University Press, p. 23.

Castle）やアリス・ベーコン（Alice Bacon）などによっても明確に表明されてきた。例えば，キャッスルの次のような発言は現在に至るまでしばしば引用されている。

> 私は女性問題に取り組まないと意識的に決意したわけではない。…ただ，女性問題には特に興味を持っていないだけなのである。私は常に自分のことをひとりの議員と考えているのであって，女性議員とは考えていない(7)。

そうした労働党が女性党員や女性有権者たちの持つ政治的ニーズに応答することを意識し，彼女たちの声をすくい上げることを目的として女性議員の量的拡大に向けてより積極的な対策を取るようになったのは，1980年代から1990年代に行われたラディカルな党の組織改革を経てのことであった。この時期に労働党が党改革に乗り出していったのは，前述したように，1979年にマーガレット・サッチャー（Margaret Thatcher）率いる保守党に敗北して以来，長い間，総選挙に勝利することができなかったことを理由としている。特に，1983年総選挙で歴史的な敗北を喫した後は，総選挙に再び勝利し，政権に返り咲くためには，政権を担える政党として有権者から信頼される必要があると強く意識されるようになり，このために党の「現代化」（modernization）を目指した改革が党執行部直々のリーダーシップによって進められていった。1980年代から1990年代にかけて行われた労働党の組織改革の過程は，政党改革の成功例として日本においても研究書などによって広く紹介されている。

党組織改革過程において，当時の労働党が抱える問題としてあぶり出されたのが，労働党の「女性問題」であった。この時期の労働党は，

---

(7)　Pugh, Martin (2011) *Speak for Britain!: a New History of the Labour Party*, London: Vintage Books, p. 312.

女性有権者からの支持率において保守党に対して大きく遅れを取っていたのだが，フォーカス・グループを用いた調査によって，この問題を精査してみたところ，女性有権者たちは①労働党にほとんど接点を感じておらず，②労働党は自分たちの生活や政治に対する希望，そして抱えている問題を理解していない上，③「労働組合貴族」のステレオタイプに代表されるように，特に男性的な組織であると認識されていることが明らかとなった[(8)]。労働党が政権党として返り咲くためには，庶民院で過半数の議席を獲得するのに十分な得票率を確保することが必要であり，そのためには上記の「女性問題」を克服して，幅広い層の女性有権者から投票してもらう必要がある。そのような認識から，ニール・キノック（Neil Kinnock）および1992年総選挙の敗北後に党首に選出されたジョン・スミス（John Smith）が率いた労働党執行部は，女性有権者からの得票率を拡大することを目指し，そのための具体的な方策として労働党内での女性議員の量的拡大を実現するための制度改革を労働党の「現代化」の主要なアジェンダとして位置づけて，後押しをした。こうした過程を，当時，現職議員として党改革に尽力したハリエット・ハーマン（Harriet Harman）は，「デボラ[(9)]の［フォーカス・グループ］調査は，例え男たちが党内で女たちが前進をするということが気に入らないとしても，労働党が女性票を獲得するために私たちのことを助ける必要があると強く議論する機会を作ってくれた。女性票を獲得することをなくしては，労働党は野党のままであるだろう」[(10)]と評している。

具体的には，労働党は，総選挙に出馬する候補者の女性比率を高め，

---

(8)　Mattinson, Deborah (2000) ‘Worcester Women’s Unfinished Revolution: What is Needed to Woo Women Voters’, in Anna Coote (ed.) *New Gender Agenda,* Kondon: IPPR, pp. 49-65.

(9)　フォーカス・グループ調査を行ったデボラ・マティンソン（Deborah Mattinson）のこと。

(10)　Harman, Harriet (2018) *A Women’s Work,* London: Penguin Books, p. 133.

さらに女性候補者の当選可能性を高めるための制度改革を行っていった。まず，1987年には，総選挙の候補者として女性が指名された場合，各選挙区で候補者を選定する最終候補者のリストに女性候補者を最低一名残すことが義務化された。加えて，1990年には，庶民院の労働党所属の女性議員比率を10年間で50%にするという数値目標が導入され，さらに，党組織と候補者選出システムにクオータ制を適用することが党大会で決議された。労働党におけるクオータ制は，その後，労働党の最高決定機関である全国執行委員会（National Executive Committee, NEC）や選挙区労働党（Constituency Labour Party, CLP），労働党支部（branches）の役職，影の内閣など，労働党に関係する組織全体に適用範囲が拡大されていった。

これに対して，総選挙の候補者選出過程へのクォータ制の導入は，候補者選出に関する決定権限が各選挙区労働党のレベルにあったことから，全国執行委員会による推奨にもかかわらず，なかなか浸透しなかった。そこで，選挙区労働党に対してより強くクオータ制の導入を求める方策が模索され，その結果として採用されたのが「女性指定選挙区」（all women short lists, AWS）(11) 制度である。「女性指定選挙区」は，①現職議員が引退を予定している，あるいは②当選者と次点落選者の票差が6%以内である「当選可能性が高い選挙区」（winnable seats）において，候補者選出のための最終候補者リストを女性に限定して作成することを義務付けるものである(12)。こうした制度を採用す

(11)　All women short lists を日本語に直訳すると，「女性限定最終候補者リスト」となるが，2018年に行われた内閣府男女共同参画局委託事業「諸外国における政治分野への女性の参画に関する調査研究報告書」の執筆過程で行われた研究会において，この訳語ではその意味するところを読み取りにくいというコメントがあり，協議した結果，「女性指定選挙区」という表現を用いることで合意した。

(12)　女性指定選挙区に関する文献として，例えば，Russell, Meg (2005) *Building New Labour: the Politics of Party Organization,* Basingstoke, Hampshire: Palgrave Macmillan.

るアイディア自体は1980年代から議論されており，1989年には労働党書記長（general secretary）が女性指定選挙区を採用することを依頼する文章を各選挙区労働党に送付しているが，制度の実施が選挙区労働党に任されていたこともあって，女性指定選挙区制度を通じた候補者選出はなかなか進まなかった。そこで，労働党の女性活動委員会は，1993年の党大会において，女性指定選挙区の義務化を候補者選出過程における労働組合のブロック投票を廃止して「一人一票制」（one member, one vote, OMOV）に移行する制度改革と抱合せで提案する。組合のブロック投票を廃止し，「一人一票制」に移行することは，当時進行していた「現代化」のための制度改革においては最重要アジェンダとして位置づけられていた。こうした戦略が功を奏し，女性指定選挙区の導入は，この年の党大会において無事可決されることになる。

同時に，1993年党大会での女性指定選挙区の導入の過程は，結果として，労働組合や選挙区労働党の活動家の労働党内での権力を抑制することを通じて，制度改革が成し遂げられたことを意味することにも注意を払う必要がある。女性議員や議員候補者として選出される女性は，多くの場合，中産階級出身で，学歴が高く，専門職に就いていた経験を持っていたのに対して，労働組合系の議員は後に副党首／副首相となるジョン・プレスコット（John Prescott）に代表されるように，大学教育を受けておらず，組合運動の中で叩き上げられてきた者が多かった。こうした例が示唆するように，労働党内の女性議員たちと労働組合系の議員の間にはそもそも「階級」の違いが存在していた。そうした事情があった上で，労働党の制度改革の過程において，「女性」集団は労働組合系議員や選挙区活動家と対立するように位置づけられてしまったわけである。さらに，このことは，当初は党内左派と連携していた労働党内でのジェンダー平等を求める試みが，実際に制度改革として実現されていく過程において，党内右派・中間派が推し進める「現代化」プロジェクトの枠組みの中で左派を抑制する「手段」となっていったことをも意味している。

こうした経緯もあり，女性指定選挙区に対しては，導入直後から党の内外からの大きな反発が存在していた。1994年には，スミスが急死したことで，ブレアが新しく党首に選出されるが，彼は，翌年には，女性指定選挙区は「理想的ではない」という理由から1997年総選挙以後は使用しないと明言している。また，同年，女性指定選挙区によって最終候補者リストから漏れてしまった男性が，1975年性差別禁止法(Sex Discrimination Act)を根拠として労働裁判所で訴訟を起こし，翌年の1996年にはこの訴えが一審において認められる。一審判決を受けて，労働党は上訴しないと決断し，これにより，女性指定選挙区の使用は導入から3年も満たないうちに差し止められることになる。

実際に運用されていた1994年から1996年の間に，女性指定選挙区の制度を通じて，38名の女性候補者が選出されていた。この38名のうち，1997年総選挙では35名が当選を果たしている。同時に，1997年総選挙における当選可能性が相対的に高い主要選挙区の女性候補者比率が50.6%であるのに対して，当選見込みが低い選挙区での女性候補者比率も25.6%に達しており，候補者全体の女性比率(24.6%)に対して若干高めとなっていることにも注意を向ける必要がある。こうした結果を受けて，1997年総選挙を通じて女性議員が急激に増加したことへの女性指定選挙区の実際の効果について，現在でも研究者の間では評価が分かれている。イギリスにおける女性の政治代表の研究に長く従事してきたサラ・チャイルズ(Sarah Childs)は，この問題に関するこれまでの議論を総括した上で，どちらかと言えば否定的な評価をする論者でも，1997年総選挙での労働党の女性候補者／当選した女性議員が他党と比較して著しく多かったことは認めていることを指摘している[13]。加えて，チャイルズは，女性指定選挙区

(13) Childs, Sarah (2000) 'The New Labour Women MPs in the 1997 British Parliament: Issues of Recruitment and Representation', *Women's History Review,*

の導入によって，女性候補者のリクルートの障害となっていたのが各選挙区において候補者選定を担う機関や人びとであったことがより明確化したことや，女性候補者に対する需要が明示化されたことから，女性が候補者となることを後押しする効果があったと議論している(14)。

その後，労働党政権下の2002年，性差別禁止法（選挙候補者法）（The Sex Discrimination（Election Candidates）Act）が議会を通過し，これにより政治代表に関する性別間の不平等を是正する目的で政党がポジティブ・アクションを用いることは法適用の対象から除外された。その結果，女性指定選挙区は，2005年総選挙以降の労働党の候補者選定過程において使用されている。直近の2017年総選挙では，当選した262名の労働党議員のうち119名が女性議員であり，比率にすると約45.4%にまで達している。現在，労働党の女性議員比率は男女均衡の一歩手前の状態にあるが，ジェレミー・コービン（Jeremy Corbyn）党首率いる執行部は女性指定選挙区の使用に依然として強いコミットメントを表明している。

3　2010年総選挙に向けての保守党改革

1997年総選挙でニュー・レイバーに敗北した後の保守党は，1979年から1997年までの労働党と同じように，長い間，総選挙に勝って，政権に返り咲くという政党にとって最も重要な目的を実現することができなかった。保守党が議会多数派とはならないまでも，最大議席数を獲得して，自由民主党と連立政権を組むことによってやっとのように政権に復帰するのは2010年の総選挙のことである。この間，2001年の総選挙には二度目の大敗北を喫し，イラク戦争後のブレア政権に対する風当たりが強かった時期に行われた2005年総選挙においても，

91: pp. 59-60.
(14)　ibid., p. 62.

保守党は労働党に競り勝って，政権を奪い返すことができなかった。

2005年総選挙敗北後の党首選挙で選出されたデービッド・キャメロン（David Cameron）にとっての重要な課題は，したがって，保守党が広範な層の有権者から支持され，政権党として総選挙で選択される政党に生まれ変わるための党改革を確実に実施していくことであった。この時，広く知られているように，キャメロンはブレア率いるニュー・レイバー労働党の政策ポジションを一定程度受け入れ，特に，社会的価値に関する保守党のスタンスをよりリベラルな方向に転換することを志向した。この過程において党改革の焦点として浮上したのが，当時の保守党が抱えていた複数の「女性問題」であった。

前述のチャイルズやロージィ・キャンベル（Rosie Campbell）等による既存の研究は，この時期の保守党の「女性問題」を次の4点にまとめている(15)。第一に，2005年総選挙で当選した保守党に所属する女性議員の数は17名に過ぎず，対する労働党には98名の女性議員が所属していたことから，保守党の旧態依然とした状況は一目瞭然であった。第二に，保守党には女性のための組織として，保守党女性機構（Conservative Women's Organization, CWO）が存在していたが，この組織が党の執行部によって党活動の支援組織として位置づけられ，自律的な活動に乏しかったことに関して女性党員の間で不満が溜まっていた。さらに，第三の点として，2005年総選挙にあたって保守党が公表したマニュフェストは，女性問題への取組に関して非常に厳しい評価を受けた。特に，マニュフェストが旧来型の女性に関するステレオタイプに囚われていて，日常生活において様々な経済的および社会的な役割を担う女性たちの実情への理解に欠けていることが批判の対象となった。最後に，この問題と関連して，保守党は女性有権者か

（15）　例えば，Campbell, Rosie and Childs, Sarah (2010) '"Wags", "Wives" and "Mothers"...but What about Women Politicians', *Parliamentary Affairs,* 63 4: 760-777.

らの支持率においても，ブレア率いる労働党に大きく水をあけられていた。保守党がニュー・レイバーとの政党間競争に打ち勝って，政権を奪還するためにはこれらの「女性問題」を克服する必要がある。そのためにも保守党所属の女性議員の数を増やして，女性問題に効果的に取り組むことができるように，組織として変身を遂げることが必須であると議論された。

キャメロン率いる保守党執行部が具体的に実施した党改革の方策は，①候補者選定の仕組みを変更することと，②女性議員の数の拡大を目指す党内組織に対して明示的な支援を行うことであった。まず，前者の制度改革としては，保守党本部によって作成される最も良質な候補者リストである「優先リスト」（Priority List，あるいはA-List）を男女均衡（50:50）とし，さらに，各選挙区での候補者選定過程にプライマリー方式と「コミュニティ・パネル」による審査が導入された。

上記の制度改革を補完したのが，女性候補者の発掘と支援，トレーニングを目的として設立されたWomen2Winという党内組織の活動への支援であった。Women2Winは，キャメロンが党首として選出される約2週間前，したがって依然として党首選挙の過程が進行中であった2005年11月に，保守党所属の女性政治家の間で主導的な立場にあったアン・ジェンキン（Ann Jenkin）とテレーザ・メイ（Theresa May）の個人的なイニシアティブによって設立された。設立のための資金は，ジェンキンが寄稿した新聞記事の原稿料であったと言われている。一旦設立されると，Women2Winは党首選挙の候補者に対して積極的にロビー活動を展開し，これにより女性の政治代表の数の拡大が保守党の今後の命運を左右する課題であるという認識が党内で広まっていった。実際，2005年党首選挙過程を経て党首の座についたキャメロンと彼に協力する保守党内で影響力を持つ男性議員たちは，Women2Winの活動を積極的にバックアップしている。例えば，キャメロンは，「より良い男女間のバランスは，この国の人びとが持つ問題関心すべてに対して応答することである」[16]という発言を残しているし，キャメロン政権で複数の閣僚ポストを務め，メイ政権では外相となり，メイの辞任後の2019年保守党党首選挙ではジョンソンとともに最終候補者となったジェレミー・ハント（Jeremy Hunt）は，2011年に公表されたWomen2Winのプロモーション・ビデオにおいて次のように語っている。

> 保守党には南イングランド出身の白人，中年，パブリック・スクールの男子卒業生がたくさんいる。実は，自分はそのひとりなのであまり批判はしたくない。でも，保守党はずっと多様な代表を必要としている。そして，ここにWomen2Winの役割がある[17]。

男性エリート政治家によって全面的にバックアップされ，2010年総選挙に向けての保守党改革の中心に位置づけられたWomen2Winの活動は，それでは，どの程度の影響力を持ったのであろうか。キャンベル等の先行研究は，それが保守党所属の女性議員の数の増加を一定程度実現したことを確認しつつ，同時に，当初から重大な限界をはらんでいたことを指摘している[18]。第一に，優先リストの導入に代表される候補者選出過程の制度改革は，その適用が選挙区レベルにおいては推奨されていたのみであり，強制されていたわけではなかった。先に触れた労働党の事例で観察されたように，女性候補の選出を促す制度的仕掛けは，実際のところ，中央の党執行部が一定の介入をすることなくしては選挙区レベルにおいて広く使用されるようにはならな

(16)　Childs, Sarah (2008) *Women and British Party Politics: Descriptive, Substantive and Symbolic Representation,* Abingdon, Oxon: Routledge, p. 89.

(17)　https://youtu.be/-s_AbW1eoUM（最終アクセス2019年3月13日）.

(18)　例えば，Campbell, Rosie, Childs, Sarah and Lovenduski, Joni (2006) ‘Women’s Equality Guarantees and the Conservative Party’, *The Political Quarterly,* 77 1: 18-27.

い。当時から保守党内には労働党の女性指定選挙区制度にならったクオータ制の導入を求める声も存在してはいたのだが，以下に述べる事情も関係して，結局，クオータ制の導入は見送られ，したがって，女性候補者の選出に関しては，各選挙区レベルでの判断が優先された。第二に，保守党においては，一貫して候補者の「資質と能力」(merits)が強調される傾向にあり，だからこそ，労働党とは異なり，ポジティブ・アクションの導入は退けられた。しかしながら，「資質と能力」の内容は，実際の候補者選出過程においては，従来型の主に男性である「政治家像」に結びつけられて理解され，したがって女性であるという事実が女性候補者たちにとっては不利に働く状況を現出させてしまう傾向がある。

これらの問題は，女性議員の量的拡大の実現を目指した保守党の制度改革の実効性について，一定の疑問を投げかける。実際，先に示したように，現在に至るまで，保守党所属の女性議員の数は，労働党所属の女性議員の数には遥かに及ばない状況にある。キャメロンが党首として臨んだ 2010 年総選挙では，149 名の女性が立候補し（全体の約24%），前回選挙の得票差が 5%以内である重点選挙区の候補者のうちの女性比率は 27%であった。この中から最終的には 48 名が当選し，保守党所属の女性議員の数は前回選挙の記録である 17 名から一挙に増加したが，他方で，戦後二番目に低い得票率で大惨敗をした労働党から 81 名の女性議員が当選していることを考えると，物足りない数字であることは否めない。その後，2015 年の総選挙によって，保守党所属の女性議員数は 68 名に増加したが，議会任期固定法（Fixed-term Parliamentary Act）で定められた 5 年の任期が終了する前の解散総選挙となった 2017 年総選挙においては，庶民院における女性議員の数全体が増加する中で，保守党から当選した女性議員は前回の記録を一人下回る 67 名であった。このように，保守党における女性議員の量的拡大は，労働党や近年，クオータ制を取り入れ，女性議員の数が急激に増加したスコットランド国民党と比較した時，伸び悩みの傾向にあるように観察される。

4　政党戦略とジェンダー平等の間で

以上で議論してきたように，1997年総選挙以降，イギリスの庶民院で女性議員が増加したことの要因は，労働党と保守党という二大政党が総選挙に勝利し，政権党となるための戦略として，女性議員の数の拡大を目的とした制度改革を行なったことであった。女性有権者からの支持を拡大することで，総選挙で政権党として選ばれるに足る得票率を確保する。そのためにも，女性議員の数を増やし，女性たちが関心を持つ政治問題への取組を改善する。そうした明確な意図のもと，労働党と保守党は，より多くの女性が候補者となり，また候補者となった女性がより当選見込みが高い選挙区に配置されるよう，具体的な制度改革を実行していった。これらの改革は，政党運営の戦略の一環として，党執行部直々のイニシアティブのもとに実施され，その結果，労働党と保守党は，両党に属する女性議員の数が大幅に増加した1997年総選挙と2010年総選挙を通じて政権に復帰することを実現した。

政権交代を通じて女性議員の数が大幅に増加するというパターンが繰り返されてきたという事実は，イギリスにおける女性議員に関する認識に一定程度の影響を与えたように観察される。政権交代はもちろん，政党にとっての至上命題であり，また，その組織のあり方と政治的エージェントとしての有効性を外部に対して示す際には，最も強力な論拠となる。そのように理解される政権交代と女性議員の数の拡大が密接に連関してきたことで，イギリスでは現在，政党が正統性を主張する際の根拠として女性議員の数の多さがしばしば言及される。例えば，2019年2月には，ブレグジットに関する保守党／労働党の方針に賛同せず，両党を離党した議員たちが第3の勢力として中道政党を設立しようとする動きがあった。この時，多くの女性議員が新党設立の試みに参加したのだが，この事実はグループが会派として名乗り上げる際の記者会見において，保守党／労働党という「古くさい」政党に対する長所として何度も強調された(19)。

同時に，労働党および保守党において女性議員を増やすための制度改革が行われたことの根本的な理由が政党としての有効性を再構築し，有権者にアピールするという政党戦略上の計算であり，ジェンダー平等の実現が第一次的な目的ではなかったという点は慎重に考察される必要がある。特に，この問題を考える上で確認することが欠かせないのは，1997年総選挙を通じて成立したブレア労働党政権が，政府としては，ジェンダー平等の実現や女性たちの地位の向上，そして女性政治家たちの活動支援にしばしば消極的な対応をし，時には敵対的な態度でもって応じたことであろう。象徴的な事例としては，ブレア政権が成立して１年も経たないうちに初代の「女性担当大臣」に任命されたハーマンがその職から解任されたことが挙げられる。この時のハーマンの解任の遠因となったのは，ブレア政権によるひとり親家庭に対する扶助を削減する法案の推進であった。

「女性担当大臣」の設置は1997年総選挙マニュフェストにも盛り込まれていた事案であり，ニュー・レイバー政権としては注目度の高い政策であったのだが，この閣僚ポストの取り扱いには当初から懸念の声があげられていた。ハーマンの「女性担当大臣」への任命は社会保険担当大臣との兼任であり，ハーマンを補佐するために女性問題担当の次官が設置されたのだが，閣僚としての給与は支払われないという待遇であった。こうした人事の経緯は，ブレアが「女性担当大臣」の

---

(19)　その後，この議員グループは新しい政党として2019年５月のヨーロッパ議会選挙に臨むが，得票率が思うように伸びなかったことから分裂状態に陥り，議会内会派としては空中分解してしまった。2019年総選挙においては，自由民主党から出馬した者が出た一方で，政界を引退した者もおり，したがって，政党設立の試みとしては失敗であった。

役職を重要視していないという印象を残してしまった。その上で，ハーマンは着任してすぐに社会保険担当大臣としてひとり親家庭に対する扶助を削減する法案を議会で通すことを強いられた。自伝の中でハーマン自身が説明しているように，扶助の削減は政権獲得後2年間，前保守党政権が設定した予算の支出上限を遵守するというマニフェストに盛り込まれた公約を守るための措置であり，同時に公的給付から就労促進への転換を基軸とする福祉政策改革の一環でもあった[(20)]。したがって，ニュー・レイバー労働党政権にとってはその根幹に関わる法案であり，ハーマンは，首相であったブレアと財務相であったゴードン・ブラウン（Gordon Brown）からこの法案を議会で通すことを強く求められた。最終的には，複数の閣僚が辞任し，労働党から47人の造反者と14名の棄権者が出た中で，ひとり親家庭に対する扶助削減の法案は保守党からの賛成票を得て成立するが[(21)]，この過程で「女性」を代表する「フェミニスト」政治家として世間一般に知られていたハーマンの評判は著しく損なわれた。その後，ハーマンは2001年まで閣僚に復帰することはなかった。

上記のハーマンのケース以外にも，ブレア政権下で行われたジェンダー主流化政策の国内制度化の進展の遅れと，それと関連した平等問題を取り扱う政府機関の設置のされ方には厳しい批判がなされている。こうしたブレア政権のジェンダー平等政策への姿勢に関して，ジェーン・フランクリン（Jane Franklin）は，対立する社会的および経済的利害を「コンセンサス」に向かって誘導するための「パートナーシップ」と「協調」が重視されるニュー・レイバーと，不平等や差別的処遇の解消を要求して「差異」の認識と「再分配」を求めるジェンダーの政治の間には根本的な矛盾が存在していたことの結果であったと議

(20)　Harman, *A Women's Work,* p. 202-207.

(21)　この時，労働党内で法案に反対するキャンペーンの中心であったのは現在の影の内務相であるダイアン・アボット（Diane Abbot）である。アボットは黒人女性として初めて議員に選出された政治家である。

論している[22]。フランクリンの議論の含意は，ニュー・レイバーの政治とジェンダー平等を求める政治的要求の間にはトレード・オフの関係が存在していたということであり，だからこそアナ・コーツ（Anna Coote）やアンジェラ・マクロビー（Angela McRobbie）といった論者は，ニュー・レイバー労働党を反フェミニストであると断じた[23]。

ブレグジットの政治過程は，より直裁的な形で，政党戦略として行われた保守党の女性議員増加の試みがジェンダー平等という政治的目標とはあまり関係のない営みであったことを曝け出すことになった。2005年以降にキャメロン率いる党執行部が女性議員増加のため制度改革を推進した時期においては，保守党においても有権者からの支持を多様化することが重要であると考えられており，したがって女性のみではなく，人種的マイノリティの候補者の積極的な開拓が進められていた。しかしながら，2015年総選挙で単独過半数を獲得して，2016年のブレグジット国民投票を経由することで，保守党のあり方自体が変質していった。ブレグジットを実行する政党として有権者にアピールする現在の保守党にとっての重要な支持層は，ブレグジット支持層，すなわち多くの場合，中高年の白人男性有権者である。加えて，近年，保守党の党員数は低迷し，2019年8月の時点ではスコットランド国民党よりも若干少ない程度に落ち込んでいたが，研究者による調査は，そうした党員の多くもまた白人の中高年男性であると報告している[24]。ブレグジットの政治過程が混迷し始めた2018年の11

(22) Franklin, Jane (2000) 'After Modernization: Gender, the Third Way and the New Politics', in Anna Coote (ed.) *New Gender Agenda,* London: IPPR, pp. 17-21.

(23) Coote, Anna (1999) 'It's Lads on Top at Number Ten: Feminism Just Doesn't Fit into Blair's Vision of a Pain Free Politics for Middle England', *The Guardian,* 11 May 1999, pp. 9; McRobbie, Angela (2000) 'Gender and the Third Way, *Feminist Review,* 64: 97-112.

(24) Bale, Tim, Poletti, Monica and Webb, Paul (2018) 'A Man's Game?: the Grassroots Gender Gap in Britain's Political Parties', *Political Insight,* June 2018, pp. 7-10.

月，保守党の選挙戦略本部（CCHQ）で女性候補者をリクルートする業務を担っていた女性職員にその職務についてインタビューをする機会があったのだが，この職員は「高等教育を受けた若年女性は保守党を支持しない」と完全に諦めたように語っていた。

実際，現在の保守党は女性政治家にとってあまり居心地の良い政党であるようには見えない。二人目の女性首相であり，保守党内での女性議員の増加に尽力したメイが首相の座から引きずり降ろされ，2019年総選挙へと至る過程においては，前述したように，少なくない数の女性議員が離党したことに加え，閣僚経験があるアンバー・ラッド（Amber Rudd）やジャスティン・グリーニング（Justine Greening）などの有力女性議員が党内で周辺化された。彼女たちは，結局，2019年11月の庶民院解散を機に政界から引退することを決意している。こうした保守党女性議員たちの決断を促したのは，多くの場合，ブレグジットの政治過程が先鋭化することにより，彼女たちが議会内外で過度に攻撃的な発言やふるまいのターゲットとされたことであった。

冒頭で紹介したルーカスによる女性のみで構成する「イギリスの統合」のための緊急事態内閣のアイディアはこうした女性政治家をめぐる状況が厳しさを増す中で提案されたものであった。庶民院の女性議員たちがこれまで積み上げてきた豊富な経験に基づいて協力し合うことで，現在，イギリスが直面している難問を解決する。この難問は男性政治家が不用意に作り出した混乱であるが，それを引き受けて，適切に処理ができるのは，政治家として適正な能力と責任感を持つ女性議員たちである。そのようにも読めるルーカスの提案は，庶民院におけるジェンダー平等の確立を求める要求であり，また，男性政治家に対して正面からの挑戦するものでもあったのではないだろうか。

Postscript

2019年11月の庶民院解散を受けて12月12日に投票が行われた

2019年総選挙では，220名というイギリス史上最大の数の女性議員が選出された。政党ごとの内訳は，364議席という歴史的な大勝を実現した保守党から当選した女性議員は87名。これに対し，203議席と議席数に関しては歴史的大惨敗を喫した労働党からは104名の女性議員が当選し，これにより議会労働党では女性が多数派となった。スコットランド国民党および自由民主党においても女性議員の数が増加し，スコットランド国民党では32名の所属議員のうち16名が女性議員，自由民主党にいたっては，11名の所属議員のうち7名が女性議員である。こうした選挙結果の意味については，別稿で詳述したい。

Ⅶ　女性候補者のなり手を増やすための試み
――パリテ・アカデミーの実践が示唆すること

申　琪榮

はじめに

世界経済フォーラムが毎年発表するグローバル・ジェンダー・ギャップ指数が，2019年12月にも発表されたが，日本は前年より11位も順位を下げて過去最下位の121位となった。その理由を一言で言うならば，政治分野に女性が極めて少ないからである。2019年12月時点で衆議院の女性議員は10.1%，内閣の大臣には女性が三人，日本で女性が首相の座についたことは一度もない。この数十年間，諸外国が政治の「脱男性化」を目指してクオータ制度（候補者の一定割合を女性及びマイノリティに当てる制度）をはじめ，様々な取り組みを行なってきたのに対して，日本では，政治は男性がやる仕事という認識が根強く，若手や女性にとって政治参画への壁は依然として高い。

このような状況を脱却するきっかけを作ったのが，政治分野に女性を増やすことを目的とする日本で初めての法律，「政治分野における男女共同参画推進法」が2018年5月に成立したことである。この法律の一番のかなめは，基本原則を定める第2条にある。とりわけ，第2条1に，政治分野における男女共同参画の推進は，あらゆる選挙において「男女の候補者の数ができる限り均等になることを目指して行われるもの」と明記され，「候補者男女均等」が選挙の基本原則として打ち出されたのである。

その基本原則に則って，政党は「公職の候補者の数について目標を定める等，自主的に取り組む」（第4条）よう努めることが期待される。

国，地方公共団体も政治分野における男女共同参画を進めるために努める責務を負うとしているが，候補者を立てるのが政党である限り，この法律の主たる実施主体は政党であると考えて良い。各政党が法律の理念を真剣に受け止め候補者数を男女均等にするためには，常に女性人材を発掘して女性候補者のなり手を増やす必要があるだろう。

実際に，法律策定後初の国政選挙である2019年の参議院選挙では，政党の本気度によって候補者の女性比率が大きく異なる結果となった。立憲民主党，国民民主党，日本維新の会，社民党は女性候補者比率が30%を超えたのに対して，自民党は14.6%（82人の中12人），公明党は8.3%（24人の中2人）と低かった。政権与党の自民党や公明党の女性候補者の比率が低かったのは，現職（殆ど男性）を優先的に公認する慣行があり，彼らを押しのけて新しい候補者（女性）を立てにくい状況があったかも知れない。しかし，女性候補者比率が高かった政党においても体系的に女性政治家を育てる政党の取り組みは見当たらず，適切な女性候補者を見つけるのに苦労していた。今後女性候補者を増やしていくためには，候補者のなり手になれる人材を積極的に発掘し，政治リーダーを養成していくことが課題として浮かび上がった。

「政治分野における男女共同参画推進法」第8条には，国や地方公共団体は人材の育成および活用に資する施策を講じるよう務めることが記されている。それは，政党に人材育成を任せておくだけでなく，国や自治体が政治分野で活躍できる人材を公的に育てることが大事であることを認めたものと言える。それに後押しされた地方公共団体の男女共同参画センター等では，女性政治リーダー養成講座が企画されるようになった。民間レベルでも，これまで女性議員発掘に寄与してきた既存の政治塾やバックアップ・スクールが活発化しているほか，新しい政治スクールや女性議員を誕生させるための市民ネットワークも作られるようになった。

筆者も研究パートナーの三浦まりと，2018年3月に「若手女性」

の政治リーダー・トレーニング・アカデミー，一般社団法人パリテ・アカデミー（Academy for Gender Parity）を立ち上げた[(1)]。ジェンダーと政治分野で蓄積された専門知識を活かして，男性優位の政治に変化を起こす新しい政治の担い手を養成するためである[(2)]。本稿では，パリテ・アカデミーの理念と成果，そして，これまで2年弱の実践から得た知見と課題についてまとめる。

1　パリテ・アカデミーのミッション──新しい政治の担い手

女性やマイノリティが政治に対等に参加することはジェンダー平等で多様な価値が尊重される政治を実現するのに欠かせない。しかし，男性政治エリートが多数を占めている既成政治には，女性やマイノリティの政治参加を阻む様々な障壁が存在する。日本ではジェンダーにより個人の生き方（教育，仕事や家族責任など）は大きく異なり，政治は男性の領域として作られ，男性エリートの生き方に基づく政治のあり方が出来上がっている。政治家は男性エリートたちのネットワークからリクルートされ，官僚，地方議員，議員秘書などすでに既成政治に携わっている人が国会議員になる傾向が顕著だ。

女性やマイノリティはそのような「標準的」リクルート・ネットワークから外れており，政党へのアクセスも容易ではない。また，政治家に挑戦するために必要とされる資源，知識，自信も欠けると言われる[(3)]。資源は，日本でよく言われる地盤，看板，カバン，つまり，

(1)　パリテ・アカデミーの活動の詳細についてはホームページを参照されたい（http://parity-academy.org）。

(2)　パリテ・アカデミーのトレーニング内容は，筆者と三浦まりが2017年に米国の14の女性政治リーダー・セミナー実施団体を視察して得た知見に基づいて開発された。視察は笹川平和財団の支援を得て実施し，その報告書は財団のＨＰに公開されている。「女性の政治リーダーシップ：米国出張調査レポート」（三浦まり・申琪榮著，2018年3月）（https://www.spf.org/spfnews/information/20180620_2.html）。

(3)　政治学では政党が候補者を決めるメカニズムを政党側からの需要（どのような候補者を必要とするのか）と社会からの供給（どのようななり手がい

地域の支持基盤（人的ネットワーク），名声，資金のことである。知識は，議会，政策，選挙などに関する具体的な知識やノウハウを，自信は，自分が市民を代表して政治家になるにふさわしいと思う自己評価や政治的野望を持つことを意味する。女性はジェンダー化された生き方により，資源，知識，自信のいずれにおいても一般的に恵まれていない。

パリテ・アカデミーは，これまで政治に声が届かなかった女性やマイノリティこそがこれからの政治の担い手になるべきだとの認識から，当事者の人材を養成することをミッションとしている。その「人材」とは地盤，看板，カバンに恵まれた従来型の政治家のなり手となる人材とは大きく異なる。むしろ，日頃の地域活動や日常生活で発見された市民の生活上の問題，社会の多様性に応答する政治家になる女性人材（あるいはそのサポーター）を増やすことである。そのため，パリテ・アカデミーが掲げる，目指すべき社会の三つの理念，inclusion, respect, justice に共感する若手女性を優先的に受け入れている。

2 「若手女性」に重点を置く意味

政治スクールはこれまで多種のものが展開されてきたが，パリテ・アカデミーでは若手女性を主たる対象としている。「若手女性」について厳密な定義を設けているわけではないが，新しい政治の担い手となる未来世代で，高校生から 40 代前半までの女性たちをイメージしている。これは管見の限り日本では初めての試みであり，募集要件に年齢による優先条件を設けたことで，既存の政治塾に参加する層と違

るのか）の接点として分析する古典的な理論がある。ただし，この視点は候補者の能力や資質を客観的に判断できる個人的な属性として捉えがちであり，能力や資質そのものがジェンダー化された基準であることや供給側も需要側もジェンダー中立ではない点が十分に認識されなかったという批判を受けている。Pippa Norris and Joni Lovendusky, (1995) *Political Recruitment: Gender, Race and Class in the British Parliament,* Cambridge, Cambridge University Press.

う，比較的に若い世代へアピールしたい狙いがあった。これまで2年弱の間，全国から高校生を含む延べ約100名がトレーニングに参加してくれた(4)。参加者の大半は政治に直接参加した経験がなかったが，普段の生活の中で政治に興味を持つ一般女性たちだった。

パリテ・アカデミーが女性候補者のなり手として若手女性に焦点を当てるのは，日本の若年層の政治参画の現状を鑑みると，その意義が明らかになるだろう(5)。まず若手女性層は，政治に殆ど代表されていない。例えば，若手女性層の議員がほとんどいない。近年フィンランドの首相に34歳の女性が就いたことで大きな話題を呼んだが，そもそも北欧の国では20代〜30代の若手議員の比率が3割を超えている。20代の議員も1割程度いるほど，女性のみならず，若手の政治参画が活発なのだ。

日本では，2017年に衆議院選挙に当選した国会議員の中で40歳以下は36人，7.8%いたが，それは世界の平均値15.5%の約半分にすぎない。その36人の中でも女性は7名のみで(6)，男性が4倍以上多い。地方議会にはさらに若手女性が少ない。約2万員の市議会議員の中で40歳未満の男性議員が4.9%，女性はわずか0.7%しかいないのが現状である(7)。若手議員に女性が少ないのは，現職の議員が年齢・性別ともに偏っていることを意味するが，それ以上に，未来においてもその偏りが改善されにくいことを示唆する。若手女性は男性よりも投票率は高い傾向にあるのに，自らの政治代表を持たず，有権者層と代表

(4)　参加を促すために大学以下の学生には参加費を優遇した。高校生も数人参加し，メディアにも取り上げられた。朝日新聞「(Dear Girls) 女性政治塾，学生も刺激　格差や多様性，考える機会に」(2018年6月26日)。

(5)　若年層の政治参画の状況と必要性については，申琪榮（2020）『若年女性の政治参画―女性政治リーダートレーニングの試みから』，同志社大学人文科学研究所ブックレットを参照。

(6)　そのうち4名が自民党（うち3名は家族がすでに議員だった)。

(7)　「市町村議会の現状」，全国市議会議長会調べ（平成30年8月集計)。https://www.soumu.go.jp/main_content/000642039.pdf。

の間に大きなギャップが存在する(8)。

政治に関心を持つ若手女性たちがいても，日常生活で政治的な話題を避ける日本の社会風土においては，同世代の仲間に出会う機会は少ない。政治に関する意見を交わしたり，議論をしたりすることで，自らの政治的立場や見解を培っていく機会や場がほとんどないのである。それが若手女性の政治への関心や政治家を目指す志を失わせているのではないか。女性の政治参画に関する海外の研究でも，若い時には男女間で，自分がリーダーにふさわしいという思いに差がないが，大学頃から男女差が開き，年齢を重ねるほど，女性の方が自己評価が低くなり，リーダーになれる自信を失っていくと報告されている(9)

他方で若い頃に政治リーダー・セミナーに参加すると，政治に関する知識を得ることで関心を持ち続け，政治家の道を将来のキャリア選択肢のひとつとして考えると言われる。若手女性たちが，社会のジェンダー規範の圧力に押しつぶされてリーダーになる志を失わないように，多様なリーダーへの道を学ぶ機会を与え，自分の選択肢を広げることが大事である。それは，政治分野に限らず，社会の女性リーダーのなり手を増やすことにもつながる。

しかし，既存の政治塾では，参加者の性別や年齢層がばらばらで，すぐ立候補する参加者を対象にする傾向がある。そのため，まだ被選挙権を持たない学生や，若手女性たちにとっては参加のハードルが高くなる。それは，「若手女性と書いてあったから参加を決めた。普通の政治スクールは，自分は対象ではない気がしていた」という，パリテ・アカデミーの参加者のコメントからも窺える。選挙を戦うスキルや政策の知識を学ぶ以前に，若手女性たちが気楽に政治を話題にする

(8)　例えば，2016年の参議院議員選挙では，18歳，19歳ともに女性が男性より約3ポイント，5ポイントほど投票率が高かった。https://www.jiji.com/jc/graphics?p=ve_pol_election-sangiin20160711j-22-w350

(9)　Jennifer L. Lawless and Richard L. Fox, (2010) *It Still Takes A Candidate: Why Women Don't Run for Office,* Revised Edition, Cambridge University Press.

ことができ，違う意見を持つ人との間で自由に議論しながら自分の視点を培うことができる場を提供することも将来の立候補のなり手を増やすために欠かせないと考えられる。

3　パリテ・アカデミーの方法論(10)

以上に述べた理念の元で，パリテ・アカデミー設立以来2019年末まで約1年8ヶ月間，様々なトレーニング・プログラムを実施した。

⑴「女性政治リーダー養成講座～議員になって社会を変えよう！」(隔週5回連続講座)(11)，⑵「女性政治リーダー・トレーニング合宿～議員になって社会を変えよう！」(2泊3日の合宿)(12)，⑶「動画で候補者メッセージを伝えよう！」，「新春連続講座～選挙のリアル・選挙とメディア」(1日ワークショップ)(13)。さらに，⑷トレーナー養成講座も2回開催した(14)。

これらパリテ・アカデミーのプログラムは，女性を対象にした従来の政治スクールと方法論が違う。これまでのスクールが政策を学ぶことや政治家の話を聞く座学を中心としているのに対して，パリテ・アカデミーは能動的な学習とチームワークを重視する。知識を伝えるための講義よりも，ワークショップにより参加者同士で話し合う機会を最大に確保して，お互いに学び合うように促す。

---

(10)　3，4節は，三浦まり・申琪榮（2019）「女性政治リーダーをどう育てるか？──政治分野における男女共同参画を推進する法の活かし方」『都市問題』110巻1号（2019年）83～91頁の内容をアップデートした。

(11)　平成30，31年度港区男女共同参画センター助成（ジャンプ）を受けて実施した（2018年5月7日～7月2日の間，2019年4月8日～6月10日の間，各5回）。

(12)　笹川平和財団の助成を受けて実施（2018年7月13日～15日，2019年9月6日～8日）。

(13)　日本女性学習財団と共催（2018年11月18日，2019年2月19日，3月12日）。

(14)　トレーナー養成講座は初級対象と中級対象を設けている。講座を受講し課題と実践の時間を満たした受講生には，それぞれ初級トレーナー認定と中級トレーナー認定を行う（2018年9月21日，2019年11月14日実施）。

参加者はすでに一般の女性たちより政治に関心が高い層であるが，必ずしも政治家になる動機を明確に持っているわけではない。したがって，トレーニングではまず，潜在的な政治参画への動機を掘り下げ，自分の意志を確かめることから始まる。そのために，⑴政治家になろうとした時感じる自分の壁は何か，⑵政治家になりたい理由は何か，⑶政治家になって取り組みたい課題は何かについて丁寧に話し合うことが大事だと考えている。そこから若手女性たちが直面している政治参画への様々な壁について理解できる一方で，自分が抱える問題が多くの女性に共通する問題であることに気づいていく。さらに，それらの課題が今の政治の中で解決されないのであれば，自ら政治家になって課題解決に取り組む意義が導かれるのである。

もちろん動機と課題が明確になっても，自分が本当に政治家になることについての不安は残る。その不安な気持ちを乗り越えるに役立つのが，政治家という仕事について具体的に知ることである。日本では，政治家といえば漠然としたネガティヴなイメージが強く，メディアで報道される女性議員の姿も，「攻撃的な論戦を繰り広げる女性議員」「スキャンダルを起こして注目される女性議員」といったものが多い。彼女たちがどのような思いで議員になって，日常的にどのような仕事をしているのか，また，どのような成果をあげてきたのかといった，議員として行う「職業」の特性について市民が知る機会は少ない。議員は何をやる職業であり，実際に何ができるのかについて知り，そのやりがいと障壁について理解することで，一つのキャリアとしての議員のイメージが形成されるのである。

その上で，政治家という仕事に魅力や意義を感じられるのであれば，政治家になりたい動機がさらに具体化される。議員になることで，人々のニーズを汲み取って社会の課題を解決する，そして自分の住む地域や社会をよりよくすることができると思えば，挑戦してみようという気持ちが持てる。すでにそのような仕事をしているロールモデルと出会うのも大事である。とりわけ，自分と等身大の女性議員に出会って，彼女らの議員活動を聞けることで，遠く感じていた政治がグッと身近なものとして感じられるようになるからだ。議員は特殊な女性がやる仕事ではなく，志のある普通の女性がやるからこそ，当事者の視点で政策を作れると認識される。それで，自分も議員の仕事にふさわしいかも知れないと思えるようになるのである。

そのほか，実践的なスキルのトレーニングが必要である。候補者の実践的なスキルは様々なことがありうるが，パリテ・アカデミーで必須と捉えているのがスピーチである。スピーチは政治家が有権者とコミュニケーションをする上で必ず必要であるが，若手女性にはとりわけトレーニングの意義が大きい。女性に自分の意見を持つことを期待しないジェンダー規範が強い日本では，人前で自分の考えを伝える機会はめったにない。真剣に聞いてくれる聴衆がいる環境でスピーチを練習し，人に伝わる自分ならではのスピーチスタイルを磨くことで，自己評価が変わり，政治家になった自分の姿が想像できるようになる。

最後に，選挙や議会活動に関する基礎的な知識を提供することも欠かせない。選挙運動や資金調達のノウハウ，メディア対策，それから参加者の関心が高い個別政策に関する知識を提供することも望ましい。パリテ・アカデミーでは，専門家や議員秘書など現場に携わる講師，また議員パネルを設けて実践的な知識を提供している。

4　パリテ・アカデミーを実践してみて

以上の方法論でアカデミーを開始したが，実際に多様なプログラムを実施してみて改めて浮き彫りになったことも多々ある。まず，募集に「政治」や「議員」を明記したことで，若手女性層が敬遠してしまい，アウトリーチしようとした当事者たちの関心を引くことが容易ではなかった。高校や大学にも「政治」的なことへの慎重さが求められており，若手女性にとって政治はまだ遠い世界であった。

例えば，政治には関心があるものの，はじめから議員になりたいという明確な目標を持った人は少なかった。どちらかというと議員になれる他の人をサポートする役割をしたいと思う参加者が多かった。政治について勉強したい，NPO 活動をするために政治の仕組みを理解したい，似たようなセミナーを企画したいという動機で参加した人もいたが，若手女性が自ら政治に直接関わることへの抵抗感は相当強い。それが若手女性の政治トレーニングを広げるのに課題として浮かび上がった。

次に，参加者たちは，ジェンダーや性的指向に関わる悩みや苦しみを感じた体験を持っていた。学校や仕事，社会的な活動の中で「女性」だからという理由で，「女性らしさ」を強いられ，そこから外れようとすると非難やバッシングを受けて生きづらさを感じていた。「先生に女の子だから生徒会長に立候補すべきではないと言われて納得できなかった」，「仕事の面接で外見にのみコメントされるセクハラをうけた」，「背が高いのは女らしくないとからかわれた」，あるいは「性的マイノリティとして自分が他の人と違うことで悩まされた」，「何にでも自信が持てず自己尊重感がとても低くて苦しかった」，「シングルマザーとして生きていく大変さ」，「職場での女性役割に違和感を感じた」など，若い頃からジェンダーにまつわる嫌な経験を受けたことへの違和感や不当な扱いへの疑問を持っていた。それが政治家になろうとする動機になっていることがわかった。

その問題意識から解決したい課題も自然に導かれた。参加者たちが政治家になって取り組みたい政策は，夫婦別姓，性暴力，子ども支援，環境問題，LGBT 差別，教育問題，高齢者福祉などが圧倒的に多かった。これらはこれまでも日本の女性運動が取り組んできた諸課題である。女性たちに喫緊な課題の解説が，当事者の少ない政治のなかではなかなか進められないことを裏付ける。参加者はその因果関係に気づかされ，女性が政治家に挑戦する必要性と意義について納得できた。

パリテ・アカデミーのプログラムの中で参加者の高い満足度が得られたことの一つは，様々な女性議員に出会う機会を設けたことであった。様々な女性議員にインタビューをして製作した，独自のビデオ教材『女性議員が語る，政治とは』を上映したほか，複数の地方議員が登場する議員パネルがそれである。女性議員たちの話を直接聞いた後には，参加者の政治への見方が大きく変わることが窺えた。「政治をより身近なこととして感じられるようになった」，「議員の仕事について理解が深まった」，「女性議員の優しさや人間的な側面を見て身近に感じることができた」，「様々な女性議員がいることを知ってよかった」といった感想が聞かれた。漠然とした議員のイメージがクリアになり，直接議員たちと話してみることで，政治に関わることへの不安が減少していくことが確かめられた。

さらに，参加者の多くがビデオ教材に出演した女性議員に共鳴するリーダー像を，自分が目指したい政治リーダー像として描いた。市民の声に耳を傾け，社会的に弱い立場に置かれている人達のニーズを汲み取っていく女性リーダーに強い共感を示したのである。若手女性達にとって理想的なリーダー像は，自分の野望を実現するための強いエリート政治家ではなく，普通の人の感覚を持って身近な政策課題に熱心に取り組む誠実で謙虚な政治家の姿のであることが分かる。まさに今の政治にもっとも必要とされるリーダー像ではなかろうか。

5　パリテ・アカデミーの成果

まだ評価は早いかも知れないが，パリテ・アカデミーが実施したトレーニングは，一定の成果を生み出したと考えている。まず，トレーニングを修了した参加者の大多数がプログラムに満足しており，立候補の意欲が高まったと答えていることだ。例えば，第1回目の「5回連続講座」の参加者27人のうち25人は40歳以下の若手女性で，参加者のほとんどは「政治に関してとても関心をもつようになった」と修了後のアンケートで答えた。また「出馬意欲が非常に・ある程度高まった」と答えた参加者は19人中14人だった。2泊3日の「トレーニング合宿」参加者に対しても同様の結果が得られた。参加者の28人の中，23人が「出馬意欲が（非常に・少し）高まった」と答え，トレーニングの有効性が確認できた。2019年の参加者からも同様の結果が得られた。

修了生が選挙に立候補し，当選を果たすケースも出た。2019年度の地方選挙に7名，参議院選挙に2名が立候補し，うち6名が地方議会議員に当選した。また，立候補した修了生の辻立ちにはアカデミーの同級生たちも参加して，選挙キャンペーンの手伝いもしていた。次の選挙のために準備を始めた修了生もいる。パリテ・アカデミーの修了生たちには，立候補をしなくても政治活動に参加することへの抵抗感は確実に低くなったのであろう。そして，トレーナーの養成も行った。これまで17名が初級トレーナーの認定を獲得し，そのうち5名は中級トレーナーの認定過程にいる。

もう一つ言及に値する成果は，参加者の間で横の繋がりができたことである。トレーニングの過程で参加者のネットワークが形成され，修了後に早速Facebookのグループ・ページを立ち上げるなど，情報交換をしながら様々な活動につながっている。女性は社会的な活動をしていく上で，ジェンダー役割や仕事をベースにするネットワークを形成する傾向があるが，政治的関心を共通項とするネットワークは，これまでとは異なる女性の「エンパワーメント・ネットワーク」ではないかと思われる。

おわりに

議員のなり手不足は日本政治にとって深刻な問題と指摘されてきたが，政党はなり手を増やそうとする体系的な努力をしてこなかった。候補者になりたいのであれば，有力政治家が運営する政治塾に通うか，地域のバックアップ・スクールに参加するかの選択肢しかない。パリテ・アカデミーは，女性候補者のなり手不足問題に取り組む一方で，政治にもっとも声を届けにくい「若手女性」に特化した超党派の候補者養成セミナーを提供する目的で設立された。政治に関心を持っているものの，政党に関わることへのハードルが高い層に比較的アクセスしやすい政治への入り口になりたい。

「政治分野における男女共同参画を推進する法律」が策定されたことで候補者養成への関心も高まりつつある。そもそも候補者養成は政党が果たすべき役割のひとつで，政党から声がかからないことが女性議員の少なさの一因であることを考えると，女性議員を増やすためにはまず政党の取り組みが必要である。しかし，男性中心的な従来の政党には新しい候補者を「発掘」するに限界がある。広く候補者を発掘するためには，民間や行政の役割も欠かせないし，可能な範囲で政党との有機的な連携も必要であるだろう。多様な人材が政治に参画することなくして，民主主義の質を高めることは望めない。候補者のなり手を増やす取り組みこそが，今もっとも取り組むべき政治課題の一つと思われる理由だ。

Ⅷ　議員立法「政治分野の男女共同参画推進法」制定と市民団体・Qの会の関わり

川橋幸子

1　2018年5月我が国初の法制化実現

■市民発意の議員立法であった

2018年5月,「政治分野における男女共同参画の推進に関する法律」(以下, 推進法) が議員立法として成立した。議員立法とは議員提案による法律であり, 政府提案 (閣法) と対比され, 議会に関するものは通例, 議員立法によるとされている。今回の議員立法は, 超党派議連「政治分野における女性の参画と活躍を推進する議員連盟」(会長：中川正春衆議院議員) (以下, 議連) が原案の法案骨子を策定し, それに基づいて野党法案提出が先行し, 次いで与党法案の提出があり, そして両法案が出揃ったところで一本化が合意され, 全会一致の衆議院内閣委員会委員長提案によって議員立法が成立した。議会に関する法律は全党合意で成立しなければ意味がないことは言うまでもない。

この法律は市民発意による議員立法である。当「クオータ制を推進する会」(代表：赤松良子) (略称：Qの会) が2014年3月に開催した院内集会が発端であった。市民社会の側から当会は,「日本の国会に女性議員が異常に少ない現状をなんとか変えよう」と声を上げだした。院内集会の席上, 中川正春衆議院議員が「議員立法を視野に入れ, 超党派の議員連盟をつくろう」と提案し, 出席議員全員が賛同して議連が発足を合意した。議連会長に就任した中川氏は, 後日,「皆さんの熱意に押されてつい口走ってしまった」と述懐されているが, 中川氏の発言は相当の信念と見通しに立ってのことだったと思う。議連が発足し，議連案とりまとめのワーキンググループ（以下，WT）に三浦まり上智大学教授（Qの会顧問）が有識者として参加したことも，市民発意の議員立法の性格を強めている。

■法成立まで3年，Qの会としては8年

議連発足から法成立までに3年を要した。しかしQの会としては，準備段階を含めて足掛け8年かかったというのが実感である。市民運動には‘種まき，水やり，収穫’まで時間がかかるのが普通だとしても，当会メンバーの年齢的なこともあり長かったと思う。リーダーの赤松良子さんが80歳を過ぎてQの会発足を呼びかけた。赤松さんという優れたリーダーのもとに集まった私たちは，所属する団体や個人の思いと重なる部分でQの会に参加し，自由に活動した。昨夏，赤松良子さんは卒寿（90歳）を迎えられ，役員一同も70代は80代にになどと一回り年齢を重ねた。人生100年時代の，後期高齢期のライフステージでボランティア活動を選択した者の感傷がある。シニア世代は，時間には恵まれても心身の能力低下は急速だ。

以下に，運動体としての立場から，Qの会発足当時にまで遡り，背景にどのようなことがあったのか述べる。次いで，議連原案が固まり各党持ち帰りとなった後になかなか与野党合意に至らなかった時，さらに，与野党合意ができた後も「1強他弱」の永田町政治の中ですんなり審議日程に上らなかった時，「政治力」の乏しい女性団体がどのようにロビー活動をしたのか紹介してみたい。

本書の刊行は，学術の視点からのジェンダー法学第一人者の方々の執筆が中心であるが，筆者の担当部分は運動体としての現場報告である。また，過去の経過は事実であってもそれに対する感じ方やものの見方はすべて筆者個人の主観に依っている。あまり論理的ではない過去のエピソード記録に終始するが，我が国の女性の政治参画に関する初の法制化がどのような経過で実現したのか，強制力のない理念法に

とどまっているが，現段階では，理念法でなければ成立しえなかった状況をご理解いただけるのではないかと思う。

■ Qの会発足の背景

Qの会の発足（2012.6）の背景には，第3次男女共同参画基本計画（2010・菅内閣）があった。同計画は，政党に対し，衆議院議員及び参議院議員の選挙の女性候補者の割合を高めるため「候補者の一定割合を女性に割り当てるクオータ制の導入を検討する」よう求めていた。同計画に基づき中川正春内閣府男女共同参画担当大臣（当時）が各党幹事長等を訪ね要望書を手交していた。行政から政党への要望は，三権分立のもと，国会・政党は行政の上にあるとの位置づけから，従来，行政から政党に対する要望はなかったことだ。

WIN WIN赤松良子代表はこうした政府の行動を評価し，全国組織の女性団体に当会の結成を呼びかけ，赤松代表が先頭に立って中川大臣を表敬訪問し，呼応した女性団体メンバーが同行した。このときをもってQの会が発足し，Qの会代表には，赤松良子WIN WIN代表が就任した。中川大臣訪問に引き続き，私たちは，各党の女性政策責任者の方々を訪ねインタビューや意見交換を行った。こんな行動が後の議連結成の素地になったと思われる(1)。

当時，クオータ制に対する現職国会議員の反応は，男性のみならず女性も含めてあまり積極的に賛成ではないという雰囲気だった。選挙は実力で戦うものとか，割当制は女性にゲタを履かせるものとかの「ゲタ論」もあった。民主主義の代表性論理が強調されるようになったのは2000年以降である。一方，女性団体は元々政治と距離を置く傾向があり，そうした中での赤松代表の決断だった。

WIN WIN以下9団体が役員団体となり(2)，さらに全国各地の草の

(1)　WIN WIN編著『クオータ制の実現をめざす』（パド・ウィメンズ・オフィス，2013年）

(2)　発足当初の役員団体：（一財）WIN WIN，クオータ制の実現をめざす会，

根にまで賛同団体を募りQの会は発足した（発足当時30団体，現在65団体）。右から左まで，規模の大小を問わず，相互にインスパイアし合うネットワーク組織である。加盟単位は原則として団体。会費無料。役員団体メンバーがボランティアでスタッフを務めている。

■『202030』実現の手段としてのクオータ制

1995年北京会議以降，世界各国にクオータ制の導入が進み，女性の政治参画が急速に進んだ。2000年にフランスがその前年に憲法を改正してパリテ法を制定，同じく2000年に韓国がクオータ制を導入した。各国国会議員の女性議員比率は，高いところで50%近く，世界平均はこの10年間で倍増した（IPU調査。世界の1院または下院の平均女性議員比率。12.0%《1997.1》⇒23.4%《2017.12》。現在24.6%《2019.9》）。

日本の衆議院も徐々に女性が増えてはいたが，北京会議以降，各国に水をあけられるようになり，世界ランキングは，世界193カ国中，160位台半ば（83位《1997.1》⇒164位《2019.2》）という最低クラスに転落した。

なぜ日本は女性の教育水準が高く就業率も高いのに政策決定への参加が低いのか，国際社会の中の様々な場面で問われ，日本政府自身も自問自答している。国会議員に女性が少ないことが日本の姿を最もシンボリックに表している。2019年12月世界経済フォーラム発表のジェンダーギャップ指数は，日本は，世界153ヵ国中121位の低位にあり，特に，政治文野は144位と（下から10番目）世界標準から大きく立ち遅れている。

北京行動綱領の趣旨を取り入れ，日本は，男女共同参画社会基本法

NPO法人高齢社会をよくする女性の会，国際女性の地位協会，日本婦人有権者同盟（現，女性参政権を活かす会），全国フェミニスト議員連盟，（一社）大学女性協会，（一社）日本女性科学者の会，認定NPO法人日本BPW連合会の9団体。

（1999年，小渕内閣）を制定し，内閣府男女共同参画局の新設，男女共同参画基本計画（計画期間5カ年）の策定，男女共同参画担当特命大臣を置くなど，国内推進体制を強化した。2020年までに指導的地位の女性を30%にする『202030』の政府目標は，第2次基本計画（2005年，小泉内閣）で決定したものである。経済分野については，後に，成長戦略のもと女性活躍推進法が制定されたが（2016年，安倍内閣），政治分野については何もなされないまま政府目標と現実の乖離は一向に埋まらずに過ぎていた。

政権交代があり，第3次基本計画の改定にあたった民主党政権では，男女共同参画会議で仙谷由人氏内閣官房長官が「もっとエッジを効かせなければ」と発言し，これに対して鹿嶋敬氏当時男女共同参画会議議員（いずれも当時）が「では，クオータ制導入を」と答えたというエピソードが伝えられている。こうして第3次基本計画（2010年，菅内閣）にクオータ制の文言が入った。短命に終わった民主党政権であったが，ジェンダー政策にひとつのレガシーを残したと思う。故仙谷氏の発言は思い付きでなされたものではなく，裏付けとして，男女共同参画会議では基本問題・影響調査等が行われていた。

自民党政権復帰後においても，第4次基本計画（2015年，安倍内閣）にクオータ制の文言は承継され今日に至っている。

■ Qの会の性格と活動手法
―院内集会・NWECフォーラム・ロビイング―

Qの会は女性団体を横に結ぶ連携組織であり，院内集会とNWECフォーラムという2種類の集会を開催し，2つを軸に関係者が情報共有し，自由に活動することを目的としている。加えて，広い意味のロビイング，の以上3つが主な活動手法となっている。一般にロビイングとは，特定の主張をする個人または団体の私的な政治活動と定義されるが，私たちの活動は，女性の地位向上という普遍的な目的のために，国会議員に要望し国会の議員活動をサポートするという広い意味のロビイングであり，公的領域における社会貢献であると自負している。

■院内集会開催，超党派議連結成呼びかけ

院内集会の初回会合で，第3次基本計画改定の際の前述のヤリトリが紹介され，第2回会合で，議連結成の呼びかけがあり，第3回会合が，1年後における議連の発足であった。第2回会合について少し詳しく紹介する。

第2回院内集会【国際女性デー2014】は，米大使館からケネディ駐日大使代理のダーナ・ウェルトン政治担当公使を来賓に迎え，出席の各党衆参国会議員のスピーチ，メディアと研究者によるパネル・ディスカッション，女性団体からの発言などを内容とし，司会は故岡崎トミ子さん（Qの会メンバー。元国家公安委員長，男女共同参画担当大臣）。会場の一角に赤ちゃん連れのママたちの姿が見え，議員と市民社会・メディア・研究者が連携する構図が浮かび上がるようにした。

開催に先立ち赤松代表は野田聖子衆議院議員（当時，自民党総務会長）を訪問し，その後役員が各党の女性政策担当議員等を訪ね，趣旨を伝え歩いた。開催当日，中川氏から超党派議連結成の呼びかけがあり，出席議員全員が賛同したことは既に述べた。ある議員の方から「あのやり方はいいわね。各党とも張り切らざるを得ないから」と言われた。しかしその後，実際に発足するまで1年かかり，その間に，アベノミクス解散総選挙があった。時折，私たちは，議員会館事務所に挨拶に伺ったり，議員が出演されるシンポや講演先まで追っかけをした。「アヒルの水かき」という表現はもう死語だろうか。枠組み作りや環境を整えるための水面下の行動を言い，「Qの会発足から8年」と前述したのはこんな時間を含んでいる。

一方，Qの会自身もエンパワーメントする必要があった。三浦まり

上智大学教授，大山礼子駒澤大学教授，申キヨンお茶の水女子大学准教授他を講師に迎え勉強会を開催し，勉強しながら仲間づくりをした。

三浦まりさんと大山礼子さんには引き続き顧問就任をお願いした。三浦まりさんとは親子ほどの世代差があるが，行動力溢れる政治学者であり，かつ，私たちの目からは若者世代のオピニオンリーダーとして勇気と刺激をいただいている。大山礼子さんとは，Qの会がこの問題は地方議会こそ重要だと気づき，Qの会が地方議会について勉強をはじめた頃からご指導・ご親交をいただいている。議連発足を待つまでの間が勉強と仲間づくりのための貴重な時間であったと思う。

議連が発足した第3回集会で，会長中川正春衆議院議員（民主），幹事長野田聖子衆議院議員（自民・衆），全党の衆参国会議員が副会長，幹事，事務局長，事務局次長に就任し，役員24名，加盟衆参国会議員48名（法成立時には87名，現在100名近くにのぼる）の堂々たる陣容が発表された。議連発足から法成立までの3年間にQの会は11回の院内集会を開催した。

■ NWECフォーラム参加を開始

議連発足以降Qの会は，毎年夏恒例の，NWEC男女共同参画推進フォーラム（NWEC：全国女性教育会館。以下，NWECフォーラム。NWEC：全国女性教育会館埼玉県武蔵嵐山町）へ参加し，Qの会主催ワークショップを開始した。同フォーラムには全国各地から女性団体が参加し，現職の地方議員や活動家，行政職員の参加者が多い。2泊3日の合宿で，Qの会が各地の女性たちからの協力・応援を得る大事な機会となっている。

法制定までの3年間の山場は，毎年，通常国会会期末の5～6月頃にやってきた。国会は予算を通し，次いで閣法（中では予算関連法案優先）を通し，会期末に議員立法という順になる。1年目は，議連案を巡る与野党の対立。2年目は，与野党法案一本化が合意された後の国会運営を巡る与野党の対立。3年目に，Qの会は閣法より議員立法の先議を求め，与野党関係者の努力によって結果を出していただいた。以下，順に述べる。

⑴ 2015年2月議連発足～2016年通常国会へ向けて

■議連法案の説明，地元国会議員への要請行動

2015年2月に発足してからの議連の動きは素早かった。ワーキング・チームを立ち上げて鋭意検討に入り，8月に議連2法案骨子を発表した。WTは，中川会長以下，宮川典子，重徳和彦，中野洋昌衆議院議員，行田邦子，福島みずほ，石橋通宏参議院議員がメンバーで，三浦まり上智大学教授（Qの会顧問）が有識者として参加し，衆議院法制局が事務方を務め，内閣府男女共同参画局及び総務省担当課が陪席したと聞く。

議連法案の一つは，理念法としての推進法案であり，もう一つが，衆議院議員選挙重複比例名簿搭載につき，政党の選択によって，男女交互名簿作成が可能になるという，公職選挙法改正案であった。

Qの会の初回NWECフォーラム「北京+20」は，議連2法案骨子を全国からの参加者に紹介するタイミングとなった。中川議連会長が自ら都心から離れたNWECまで足を運び説明された。(NWECは場所的には都心から離れた所にある)。先々の困難を予想されたのだろうか，会長は「国会議員を動かせるのは地元有権者の皆さんです。皆さん，地元に帰って国会議員に要望してほしい」と協力要請された。Qの会は，各地の賛同団体に対し「地元国会議員要請行動」をお願いした。また2016年7月の参院選前には，参院選立候補者に「女性議員増」の賛否を問うアンケート調査を実施した。

■メディアとの連携が深まった

この頃，メディアが議連2法案を大きく報じ，とりわけ若手の女性

記者の方々が「男女交互名簿が日本でも実現する?!」と，敏感に反応したように思う。政治部は男の職場で女性記者が少ない。議連の動きが出るようになって以来，社会部・生活文化部・経済部などの女性記者が政治面の記事を書き，若手の女性記者が政治部に新たに配属されたそうである。均等法世代の女性記者たちが法案を「自分事」と受け止め記事を書いてくれた。Qの会では，院内集会を開き「世界初！フランス男女ペア選挙」のホットな視察報告を大山礼子顧問と糠塚康江東北大学教授にお願いし，このニュースも話題を呼んだ。

次第に新聞TVへの三浦まりさん，大山礼子さんお2人の顧問の登場が多くなり，赤松代表へのインタビューも増えた。男女雇用機会均等法から世界の女性参政権運動の歴史まで語る赤松さんの言葉が，若い記者さんたちの心を捉えていた。英女性参政権運動（サフラジェット）の歴史を描いた映画「未来への花束」のプロモーション・ビデオを議連と一緒に鑑賞し，本篇を観にQの会メンバーで日比谷の映画館まで繰り出したことが懐かしい。話が本題を逸れた。元へ戻そう。

メディアからの協力というより，メディア本来の使命として主体的に取り組んだのだと思う。パリテとかクオータの言葉が認知されるようになり，かつてのような公然とした「ゲタ論」は少なくとも表向きは影をひそめた。女性の政治参画を肯定する世論に変わってきた。記者の方々から議連や国会の動きを教えてもらったり，法施行後は選挙戦での女性候補者の奮戦を伝える記事に励まされたりした。

⑵　2016年5月通常国会閉会～同年年末まで

■「同数・均衡・均等」をめぐる紛糾

議連原案は候補者数ができる限り「同数」となることを目指すとしていた。2016年通常国会会期末，自民党の部会で「同数」に対して激しい反対論が噴出,「均衡」とする修正案が自民党から出た。これに対して，野党民進・共産などは「同数」は譲れない線と強く反発した。その際，既に，公明党から「均等」に修正し「人材育成」の項を新たに加える調整案が出ていたが，野党4党共同の「推進法案」（民進・共産・生活・社民），民進党単独の「公職選挙法改正案」の提出があり，野党側が先行して通常国会は閉会した。与党側は民進党の選挙目当てのフライングだと非難した。

■野党提案“吊るし”“塩漬け”に終わる危惧

Qの会は国会閉会の翌日，院内集会を開催し，野党提案が“吊るし”“塩漬け”に終わる心配を訴えるとともに，何よりも議連の信頼関係が損なわれ物別れ状態になることを危惧した。糠塚康江教授からフランス憲法が「男女の均等なアクセス」と規定していること，山口二郎法政大学教授から法律があるとないとでは大違いで「小さく産んで大きく育てよう」と助言があり，司会の安藤優子フジTVニュース・キャスターの言葉も適確だった。筆者は，「一強他弱」の国会で，与野党対立が非常に激化していることを身に沁みて実感した。もうかつてのように「女議懇」（女性議員懇談会）で女性議員同士が呼吸を合わせるという空気は見られない。

■議連内与野党の関係修復を図る

夏のNWECフォーラムで，議連内与野党の関係修復を図った。議連顧問の江田五月元参議院議長と議連副会長の高木美智代衆議院議員（公明）を招き，改めて高木氏から，「均等」への修正と人材育成の条文を新設する「与党案」を秋の臨時国会に提出すると聞き，江田氏から，国会の現場での歩み寄りはありうることだと示唆を得て，私たちは安堵した。集会終了間際に駆けつけた議連事務局次長の宮川典子衆議院議員（自民，WTメンバー）は，党の部会で「自民党は女性活躍の党ではなかったか」と訴えて奮戦しているのに野党が先走ったと悔しさを滲ませた。会場から宮川氏応援の拍手が起きた。その宮川典子さんが2019年秋，急逝された。40歳の若さでこれからが期待される宮川典子さんの逝去が惜しまれてならない。

■上層部から現場の部会まで，Qの会ロビイング

Qの会は，自民党部会の開催以前から，自民党・政府の上層部，例えば，細田博之選挙制度改革統括本部長，二階俊博幹事長（下村博文幹事長代行），逢沢一郎政治制度改革実行本部長，加藤勝信男女共同参画担当大臣，石破茂地方創生担当大臣（いずれも当時）を訪ね，面談の機会を得ていた。自民党・政府の上層部が理解を示しても，現場の部会は別であり，現場が合意しない限り党内手続きは取られない。

Qの会ロビイング（ロビー活動）の対象は，土屋品子衆議院議員が自民党女性活躍推進本部長に就任された頃より，同推進本部・内閣合同部会総勢80名に対する側面的なロビーに広がり（法案賛成者の合同部会への出席お願いなど），その後，与野党法案一本化合意が成立してからは，法案審議の場となる内閣委員長（自民）・各党理事（実際には野党理事）に対する院内ロビーへ移行し，さらに，国対レベルに上がるようになってからは各党国対（実際には野党国対）へと移行していった[(3)]。

閣法の場合は，国会内政府委員室の職員が足しげく各議員室を回り，担当部局の幹部が要所々々の説明に回るが，議員立法にはそうした手足となるマンパワーがない。ましてや与野党対立の法案となると行政側からの表立った協力を得るのは困難であり，Qの会が自らサポート役を買って出ることとなった。

政党の後援・支持団体でもない市民団体Qの会が政治家・政党に近付くことは難しいが，推進法の成立を願う一心で歩いて回った。ロビーと言ってもニュースレターなどを持参しての議員室回りであり，“頭より足”を使う体力仕事だ。中には「そっと静かにしてもらった

(3)　石毛鍈子「政治分野における男女共同参画の推進に関する法律成立への経緯」国際女性32号（2018年）79頁

方がいいのだが…」と仰る向きもおられたが，本当にそうだったのだろうか。ロビーは「どの段階でどこのボタンを押せばよいのか」の読みが大切だ。ロビイングの陣頭指揮は，Qの会発足後まもなく役員に加わった石毛鍈子さん（元衆議院議員），その後，山崎摩耶さん（元衆議院議員）も加わって賛同団体「元女性国会議員の会」を結成，神経を砕いていた。もちろん，役員全員が会館内を足で回ったことは言うまでもない。法成立のお祝い会で，三浦まりさんが「Qの会の健脚，“元議”によるツボを得たロビー，赤松先生が居たから」とスピーチ，会場の笑いを誘った。

⑶ 2017年春～秋へ，臨時国会冒頭解散

■期待膨んだ後，審議見送り・解散廃案

与党「推進法案」（自民・公明・維新）の国会提出は，2016年臨時国会の最終盤12月になってからだった。高木氏が示された通りの与党案であり，自公政権を公明党が支えていた。翌年，2017年通常国会開会後の2月に与野党法案の一本化が合意され，法成立への期待が膨らんだ。4月10日の女性参政権行使記念の院内集会に全国から170名が集結し，憲法施行70周年の節目に法成立を求める「要望書」を決議，即，赤松代表以下が公明党井上義久幹事長，自民党下村博文幹事長代行，民進党蓮舫代表他を訪ね「要望書」を手交し，その映像がニュースに，憲法施行70周年記念行事一環のNHK Eテレ特集にも報道された。院内集会に結集した全国の女性たちに，Qの会は，法制定促進の「地方議会意見書の提出」をお願いした。

しかし国会は，モリカケ（森友・加計）問題や共謀罪強行裁決から政争の様子を呈するようになり，内閣委員会が開催されず，法案審議見送りとなり，2017年通常国会は閉幕した。さらに，秋，臨時国会開会冒頭に解散，与野党法案はともに廃案となった。Qの会は「廃案は許せない，各党は約束守れ」と抗議。赤松代表は「パンドラの箱の

底に希望が残る限り私たちはあきらめない」と檄をとばした。

⑷　2017年秋解散総選挙後～2018年通常国会へ

■閣法より先議で，候補者男女均等法は成立した

解散総選挙後，議連役員はほぼ全員が当選し国会に復帰した。選挙後の内閣改造で，議連幹事長の野田聖子衆議院議員が総務大臣兼女性活躍担当大臣兼男女共同参画担当大臣に就任した。後任の議連幹事長に土屋品子衆議院議員（自民党女性活躍推進本部長）が就任し，これで役者が揃ったと筆者は思った。Qの会は，翌年通常国会には確実に通してほしいと求め，議連は「閣法より先に先議で」を申し合わせた。2018年通常国会は，中川議連会長自ら衆議院内閣委員会に所属され，野田大臣に所信を問う場面で，国会と政府の呼吸がピタリと合致した。4月11日に衆議院内閣委員長による法案提出，全会一致可決，連休を挟んで，参議院内閣委員会可決，参議院本会議国会可決に向けて日程段取りのツメがなされた。野党国対筆頭の辻元清美国対委員長の存在が頼もしかった。

2018年5月16日法成立の日，参議院本会議場の傍聴席に60名の女性たち（女性団体，地方議員，大学ゼミの学生さんら）が並び，採決を見守った。「反対0」の電子投票版表示に，議員席からもどよめきが湧いた。議員の皆さんも祝福してくれたのだ。市民発意の議員立法が成功した瞬間だった。本会議採決後私たちは，参議院議員会館横の庭に集まり，カーネーション1輪を手に，母の日は過ぎていたが「均等法の産みの父」中川会長を囲んで記念のスナップ写真を撮った。夕刻開かれた議連総会にQの会も同席し，議連と女性団体がともに歩んだ議員立法の成立を喜びあった。

翌日，法成立を全国紙は大きく報じ，候補者の数をできるだけ均等にするとの趣旨から，メディアは「候補者男女均等法」と命名していた。赤松代表は，男女雇用機会均等法から30年余，「私の眼の黒いうちに二つ目の均等法ができた」と議連をはじめ関係者の方々に感謝の言葉を述べた。「閣法より先議で」の私たちの願いが国会運営の一つの先例になったことが嬉しかった(4)。

以上，Qの会発足から議連結成までと次いで議連発足から法成立までの過去の経緯を，筆者の個人的な受け止め方を含めて述べた。残る紙面に，今後の運動体としてのQの会活動のあり方を考える視点から，簡単に紹介させていただきたい。

2　法施行1年目──統一地方選，参院選

■法施行後の超党派議連とQの会の役割

法の施行となると一市民団体に過ぎないQの会の力を大きく超える。率直に言ってQの会自身も，役員の年齢構成から見て活発に動ける時期は過ぎたようにも感じる。しかし一方で，小さく産まれた本法が将来大きく育つ可能性を見届けたいと切実に思う。法第9条は，実態把握を踏まえて必要な法制上財政上の措置等を講じると規定しており，是非，その措置が発動されるステージのせめて入口に漕ぎつけたい。ある識者の方が「法を義務化すればいい」と新聞紙面でコメントし，本当にそうできたらどんなにいいだろうと思ったが，現実は全くと言っていいほどそう甘くはない。法の実施に向けて，立法府自身が日本の現実の深刻さに気づくとともに，地方議会も国政・地方行政も自ら積極的に動き出してほしいと思う。それまでは，理念法を誕生させた超党派議連とサポート役のQの会が連携し，新たな体制ができるまで引っ張っていけたらと思う。閣法ではない議員立法には，施行面でも行政主導に依存できない困難が付きまとっている。

法成立後のQの会の取り組みについて赤松代表は，パリテという理念があってこそクオータという手段が意味を持つのであり，次のステップへ進もうと提起し，これに対し議連中川会長は，今後の議連の

(4)　石毛・前掲注(3)82頁。

役割として，①長期的にはクオータ制を含む制度の在り方検討，②当面は参議院内閣委員会おける付帯決議のフォローアップ，の2点を挙げるとともに，③政治分野における多様性の価値がもっと共有されるようにすること，④そうした政治における多様性を担う候補者づくりを進めることの2点を上げた（年頭挨拶，集会挨拶）(5)。

赤松代表の言には，これまでQの会が院内集会を通じて各党に要望し，政党に対するモニタリングの役割を果たしてきたことを重視しているのに対し，中川会長の言は，赤松代表の提案を受け止めながらさらにより広い問題意識から，現在，企業の中で進んでいるダイバーシティを政治の世界でも進め，多様性の価値を具現化する方向性を目指そうと投げかけているようだ。いずれにせよQの会にできることは，これまでの活動手法ー院内集会・NWECフォーラムを継続していくことである。「わずかな少数の献身的な人たちの努力が世の中を変えてきた」（マーガレット・ミード）という言葉を信じたい。

〈政党の本気度を問う〉

2019年，法施行後，初めての統一地方選（4月）と参院選（7月）の二つの大型選挙を迎えた。年明け後，通常国会開会すぐの1月末と3月8日の国際女性デーに，統一地方選を意識した院内集会を2回，参院選前の5月下旬に法施行1周年記念の院内集会1回，都合，3回の院内集会を開催した。これまでも2部構成としていたが，第1部を〈政党の本気度〉を問う狙いから，目標値設定について政党の努力を聞く場とし，第2部は〈女性側の本気度〉をアピールする狙いから，統一地方選・参院選に挑戦する新人女性候補者や送り出す側の意欲や取り組みを紹介する場とした。

まず，政党側の本気度を問うという場面では，目標値の設定努力に

(5)　「クオータ制を推進する会」院内集会報告（2019.1.29/3.7），並びに，「クオータ制を推進する会」ニュースレターNo.18（2018.1），No.19（2019.8）参照

ついて，立憲民主党（長妻昭選対委員長）は目標値４割，国民民主党（岸本周平選対委員長）は目標値３割を掲げ，共産党は男女平等は結党の精神であり候補者の男女同数を目指すと答え，公明，維新，社民は，目標値は定めないが女性候補の擁立に積極的に努力すると述べた。また，立憲民主党は党内機構に新たにジェンダー平等推進本部を立ち上げており，また各党共通して政治塾，公募を推進していた。国民民主党は候補者に対する資金援助を決めた。

政権与党自民党は１月末段階では「自民党も時代の変化を考えなければならない」（逢沢一郎選挙制度調査会会長）とのコメント発言に終わっていたのが，３月国際女性デー集会で，「目標値がなくては進まない。党内は慎重だが，まず党内で目標設定を求めていく」（稲田朋美筆頭副幹事長。その後の11月役員人事で幹事長代行に就任）と述べ，会場から拍手が沸いた。さらに５月の法施行１周年集会では「党内に女性議員連盟“飛躍の会”をつくり，数値目標の設定を同議連から党に提言した」と踏み込んだ（同じく稲田氏）。同党の党内女性議連の提言は，「政権与党である我が党が日本の政治分野の女性の地位の順位を下げている」とし「衆参国会議員の３分の１を数値目標とする」と述べている。

〈統一地方選，参院選の結果概要〉

統一地方選の結果を概観すると，立候補者中の女性の割合は増えているが，当選者中の女性の割合は指定都市・市区議会では２割前後，道府県・町村議会は１割台の水準にある。また，参院選の結果は，立候補者中の女性割合は28.1％と過去最高で，当選者数は28人と過去最多タイとなったが，当選者中の女性の割合は22.6％に微減（定数増のため）であった。

法施行後初の大型選挙であったことから法律の効果が注目されたが，総じて微増という表現が多くみられた。ただし統一地方選では，都市部を中心に女性議員の伸びが顕著であり，東京都特別区議会の女性の当選者割合が初めて3割を超えたこと，参院選でも高い目標値を掲げた政党や無所属を含む野党系の女性候補が一人区で勝利したことが注目された。筆者は，法の掲げる理念が浸透しつつあることは確かだと思う。

赤松代表は，法律ができたからといって急に変わるわけではなく，時間をかけてじわーっと効いていくものと言い，また，かねてより最大多数の政権与党の責任が大きいと指摘してきたことから，自民党内の女性議員の新たな取り組みを評価しエールを送っている。

〈女性の本気度を示す〉

2016年に「保育園落ちた。日本死ね!!!」のツイートが反響を呼び，待機児童対策充実の引き金となった。女性は政治課題としてごく当たり前に認識しているのに，男性はこれを政治課題として認識する気づきの遅さがあり，それが政策決定の歪みとなっていることが多い。

身近な生活課題となると第一線の自治体レベルの課題が大きく，女性の声が届かなければ多様な政策の展開などは望むべくもない。日本は国会の女性議員が少ないだけでなく地方議会の女性議員も少なく，むしろ後者の方がより問題が大きいとも言える。国会議員候補者の供給源として男女差が最も大きいのが，地方議員経験のある候補者の人数，比重である。男性は地方議員経験者が多く女性は少ない。

地方議会における女性議員比率は，とくに都道府県議会が1割台と最も低い。国政選挙の立候補者選定には各党県連の決定権が大きいことを思うと，国会議員の女性候補者を増やすには，都道府県議会で女性議員増からはじめる意味が大きいことを指摘したい。

地方議会の問題となると，Qの会の中では，現職地方議員等の組織「全国フェミスト議員連盟」（以下，フェミ議）の活躍が大きい。フェミ議連の矢澤江美子さん（埼玉・八潮市市議会議員6期。無所属）はQの会発足当初からの役員であり，推進法制定を八潮市議会に取り込もうと，市議会基本条例に新たに多様性尊重条項を盛り込むことに成功した（2019.3 議会）。全国初の市議会基本条例にかける試みであり，注目される[6]。

■多様な女性候補者像が有権者の心をつかむ

〈女性の本気度を示す〉といっても，法制定段階では一定の役割を果たせた「永田町発 Q の会」の発信力は，法施行後の全国の地方議会（47 都道府県の他，政令指定都市 20・一般市 772・特別区 23・町 743・村 183 の計 1,741）に対しほとんど無力に等しい。統一地方選が近づいた 2018 年秋，投票率の低下や議員のなり手不足が指摘される中で，全国紙の記者が各地の女性たちの意欲的な動きを伝えていた。Q の会もそうした動きを直接肌でキャッチできたらと思い，Q の会有志と地元女性たちとの実行委員会形式による「京都フォーラム」（2018 年秋。於：京都ウィングス）を企画した。大山礼子顧問に基調講演「女性が変える，日本の未来」をお願いし，関西圏（京都，大阪，滋賀，兵庫など）の女性たちの地域の女性たちの取り組みを知り，協働することができた。地元メディアも注目した。

この経験を基に 1 月末の院内集会では，政党公認候補，「育成塾」出身，地域活動出身などの新人候補者 24 名と送り出す側の活動家の方々に登壇をお願いした。立候補予定者は，やむにやまれぬ思いで決心した人，育児期だからこそ訴えたいことがあると立候補した人，パートやフルタイムで働きながら生き方の転機を求めている女性，地域で NPO 活動を実践する女性，子ども食堂経営者，LGBT カミングアウトの人などなど，実に多彩な顔ぶれだった。「多様な女性候補者像が有権者の心をつかむ」と思った。

中でもインパクトがあったのは「鹿児島に 100 人の女性議員をつく

(6)　矢澤江美子「私はこうして議会基本条例に多様性の尊重条項を入れた――議会は，議会の機能強化のため，議会活動と育児・介護等が両立できる環境整備等に努め，多様な立場の市民の声が反映されるようにしなければならない」全国フェミニスト議員連盟 AFER vol.101（2019 年 6 月）10 頁。

る会」（平神純子南さつま市議と勝又みずえ山口在住フェミ議連会員）の活動例であった。60年間女性議員がいない鹿児島県垂水市議会に女性議員を誕生させようとする取り組みが，会場に勇気と感動を呼び起こしていた。取材したTV朝日の報道は，まるでオセロのような白黒の現地市議会の光景を写し，議会関係者のコメント取材にも及び，女性ゼロ議会問題の所在を深掘りしていた。選挙結果は，2人立候補して1人当選。女性ゼロ議会が一つ解消した。

女性ゼロ議会は，町村議会の32.7％，市区議会の4.5％にのぼる（2018年12月末データ），統一地方選後，ゼロ議会がどれだけ減ったのか注目される。Qの院内集会が提示できる事例は極くわずかであるが，全国各地に伝わるネットワークに発信することはできる。情報共有が力になり，現実の議会を変えていくエネルギー源になると感じた。

■国の行政と地方行政の隙間

法成立後の2018NWECフォーラムには退任されたばかりの前内閣府男女共同参画局長武川恵子氏を講師に迎え，行政の取り組みについて聞いた。内閣府では，国・地方の政治分野への女性の参画状況を「見える化」した『マップ』（国際比較，都道府県比較，市町村比較を含む総合データ）を作成し提供している。

今回，法施行を機に，法の周知のための「リーフレット」を作成し全地方議員に配布したという。また，全国女性地方議員アンケート調査を行い（2016年実施。4000名対象），①政治は男性のものという意識，②議員活動と家庭生活の両立環境の不備，③経済的負担（選挙資金等），の3点が地方議会への女性の立候補を阻む壁だと分析し，これら3点は推進法の条文建てに反映されていた。

2019NWECフォーラムでは現内閣府男女共同参画局長池永肇恵氏を講師に迎えた。前述の資料に，さらに，①2019年統一地方選及び参院選結果についての新数値，②地方議会会議規則における「出産等を理由とする欠席規定の整備状況」調査結果（2018年実施。都道府県議会・市区町村議会別），③最新の海外調査（英・仏）を踏まえた日本への示唆（モニタリング，政党助成金のあり方等），④統一地方選及び参院選に対する各党の取り組みなど，豊富な内容を簡潔にまとめた資料が提供された。

2019NWECフォーラムでは統一地方選・参院選後ということもあって，会場から率直な発言が相次いだ。例えば，「地方にはまだ法律リーフレットが周知されていない」「女性センターのイベントに政治参画を取り上げるのは難しい」など，国の行政と地方自治体行政の間にどこか隙間があることを感じている声が多かった。推進法の所管省庁は内閣府と総務省であるが，国として，地方政治における男女共同参画の推進について取り組む必要があるのではないかと思う。

■国と地方の「行政の責務」を考える

法第3条は国及び地方公共団体の「行政の責務」として，「実態調査・情報収集」（第5条），「啓発活動」（第6条），「環境整備」（第7条），「人材育成」（第8条）の各施策の実施を求めている。地方自治体は国と違い首長と議会の二元代表性（いわゆる大統領制）である。地方自治体に求められるのは，行政と議会がともに，女性議員を増やすための施策を地域の実情に即して具体化することだとの指摘がなされている(7)。

法施行後の国全体のモニタリングやフォローアップについては，政党を含む立法府，行政府が行う自己点検をはじめ，第三者機関による監視などより総合的で制度的な方策が検討されなければならない。推進法は男女共同参画社会基本法の下に位置づけられている法律である。2020年年末に予定される第5次男女共同参画基本計画の検討とも無

(7)　国広陽子「ダイバーシティの実現はまず女性議員増から」地方議会人2019年10月号16頁。

縁ではない。思えば当会の発足は第3次男女共同参画計画を拠り所としていた。議連とQの会の連携により，当面，付帯決議のフォローアップを行い，さらにより総合的制度的なモニタリングに向けてアドボカシーする役割を果したいと思う。

おわりに

2020年は，東京五輪・パラリンピック開催（2020年5月〜7月）のスポーツの祭典の年であると同時に，選挙・政治の年となろう。衆議院議員任期満了（2021年12月）が近く，解散総選挙の時期が注目されている。また首都東京小池百合子知事の任期満了（2020年7月）による前倒しか・先延ばしかの選挙もある。次期衆院選で女性議員増はどの程度になるだろう。法律の効果を判断するには，衆議院選挙の結果を待ち，そのうえで法の規定する「必要な制度上財政上の措置」についての検討する段階へと進むことになろう。市民発意の議員立法として誕生した政治分野における男女共同参画推進法を「大きく育てる」ために，市民社会が言い続けやり続けなければならないことは多い。

Ⅸ　男女がともにつくる民主主義――候補者均等法を育てる（パネル・ディスカッション）

〈パネリスト〉

中川正春　衆議院議員（無所属，ビデオ出演）
野田聖子　衆議院議員（自由民主党，ビデオ出演）
稲田朋美　衆議院議員（自由民主党）
神本みえ子　参議院議員（立憲民主党）
矢田わか子　参議院議員（国民民主党）
竹谷とし子　参議院議員（公明党）
田村智子　参議院議員　（日本共産党）
行田邦子　参議院議員（希望の党）
三浦まり
辻村みよ子
司会：紙谷雅子（学習院大学）

2019年4月6日
シンポジウム第2部

では，これから第2部に入ります。第2部は各政党から議員の皆さまにお越しいただきまして，タイトルは「男女がともにつくる民主主義――候補者均等法を育てる」というテーマで議論を深めてまいりたいと思います。ここからの司会は紙谷雅子さんにお願いいたします。よろしくお願いします（廣瀬）。

紙谷：司会の紙谷です。中川正春議員と野田聖子議員には法律の制定に尽力を尽くしていただきました。ほかにもたくさん協力していただいた方がいらっしゃいますけれども，このお２人には，ぜひいらしていただきたかったので，ビデオ出演になりました。中川さんのことを「推進法の父」と言ったら，中川さんに「兄」だと怒られてしまいました。

中川：皆さんこんにちは。衆議院議員の中川正春です。今日はせっかく声を掛けていただいて，ぜひ参加させていただきたいというふうに思っていたのですけれども，すみません。ビデオメッセージでこういう形になりました。どうぞよろしくお願いします。

女性の政治参画といいますか，女性をもっともっと元気を出していただいて，手を挙げて私も政治に参加をしていくんだという，そんなきっかけをつくっていこうということで，法律をつくりました。しかし，本当はもう一つ頑張って，理念法で 50・50 にしていこうということだけじゃなくて，クオータという形で，まず全体の 30% ぐらいにいくまでは特別の枠組みを女性のためにつくって，その枠組みの中で参加人数を増やしていくということをやっていきたい。それでないと，今の日本の現状の中ではなかなか女性をしっかり増やしていくということができないという，そんな壁にぶち当たっています。

ですから，私の思いもこれで完成したわけじゃなくて，これからクオータに向かって新しい法律をつくっていきたいという思いでいますので，どうか皆さん，この機会に応援をしてください。そして，日本がそうした意味で次のステップといいますか，新しい社会の構造に向けてしっかり質を上げていくというか，多様性の中で生きていく，そんな社会をつくっていく，そんな流れを皆さんと一緒にぜひつくっていきたいというふうに思っていますので，よろしくお願いします。ここに出席をさせていただいたらそんなことをお話ししたいな，じっくり話したいなという気持ちでおりました。すみません。こうした形でメッセージをお伝えさせていただきました。頑張っていきましょう。よろしくお願いします。

紙谷：続いて野田さんです。

野田：皆さまこんにちは。衆議院議員の野田聖子です。日本学術会議公開シンポジウム「男女がともにつくる民主政治を展望する」のご開催，誠におめでとうございます。また，私たちが起案し，国会において成立いたしました「政治分野における男女共同参画推進法」について，さまざまな角度で，さまざまな方たちが議論を交わす素晴らしい機会をつくっていただき，心から感謝を申し上げます。

私が本法律の必要性を感じたのは，突然のことではありません。私は国会議員として在職年数が25年を過ぎました。しかし，その間に私が所属する自由民主党はもとより，他党でも女性議員が大きく増えることがありませんでした。私は，衆議院議員の通称である代議士の「代」は国民に代わって，という意味であると思っており，そうした考え方をした場合，国民の男女比がほぼ5対5の中，国民に代わって政策決定をする国会議員の構成が男性9対女性1では非常にアンバランスだという危機感をずっと抱き続けてきました。

もちろん各党の努力次第でこの状況は変えられますが，そこには努力だけではなかなか乗り越えられない理由があります。それはこれまでの歴史上，日本は男性中心の社会であったからです。明治時代に議会政治が始まっても，第二次世界大戦の終戦後まで，政治の場には女性が存在しませんでした。そして，その意識は今でも根強く残り続けています。そういう認識は大きな間違いであり，この国にとって大きな損失に繋がるのです。

一方で，世界に目を向けると，多くの国々は女性議員の比率を増やすためにクオータという制度を取り入れています。その制度を採り入れれば女性議員数は簡単に増えます。自由民主党も，クオータ制ではありませんが，郵政選挙のときに女性枠を実行し，結果として飛躍的に女性議員の割合を増加させたこともあります。しかし，私たち議員連盟は，強制的ではなく，自然に女性議員の割合が増える社会こそが目指すべき日本の姿だと考え，罰則規定のない理念法といたしました。この理念法はとても大胆です。将来，この国は政治に携わる議員の男女比を均等にしようという大きな理想を掲げています。一日も早く実現する日が来ることを心待ちにしながら，日々こつこつと精進していきたいと思います。

最後になりますが，本日は法案の起案における中心人物であった三浦まり先生，何度も挫折を味わいながらも諦めずに応援してくれたQの会の皆さま，そして議連結成から法案成立までの約3年を一緒に頑張った議員連盟の仲間が奮闘の日々を語ってくれると思います。どうかこの法律がきっかけとなり，次世代の子どもたちが生きる日本がより良い社会となることを期待いたしまして，私からのあいさつといたします。

紙谷：では，現在いらしていただいているパネリストの皆さまを紹介いたします。さん付けで呼ばせていただきます。稲田さん，神本さん，矢田さん，竹谷さん，田村さん，行田さんに，パネリストとして，参加していただきます。

私どもは，まず政党アンケートを行いました。いろいろご協力いただきましてありがとうございました。現実に候補者選定についてどのようなことをしているのかなど，いろいろ質問しております。詳しいことは「参考資料」に書いてございますが，政党によって随分取り扱いが違っているということがお分かりになると思います。この新しい法律に照らして，女性候補者をそれぞれの政党がどのように頑張って探しているのかという観点から，いろいろ質問してみました。

では，これから，自己紹介と，そして政党の基本的な方針についてアンケートのお答え，説明をしていただければと考えております。座席の順番でお願いいたしますので，稲田さんからよろしくお願いします。

⑴　政党の基本的な方針について

稲田：皆さん，こんにちは。自由民主党の稲田朋美でございます。政治分野における男女共同参画推進法が成立したことをわが党としても非常に喜んでいるところでございます。しかしながら，わが党は国会議員，女性は22人，全体の7％，参議院議員は19人，全体の15％，そしてまた都道府県議会議員44人，全体の3.1％，市区議会議員373人，全体の7.9％，町村議会議員126人，全体の5％，これは昨日，この数字をようやく党が出してくれました。私はやはり「見える化」を進めるということがとても重要で，現状がどうなっているかということを把握することなしに女性議員を増やすことはできないと思っております。わが党の中では女性局・三原じゅん子局長，そしてまた女性活躍本部・森まさこ本部長の下で，女性が活躍する，政治分野においても女性局が中心となって女性未来塾を毎月開催し，そして毎回約100名の女性が参加している，そしてまたそういったところなども通じて，立候補を考えている女性に対してアドバイスや活動のサポートも行っているというようなことをやっているところでございます。

ただ，私は思いますに，自由民主党はやっぱり保守政党でございますので，私が一番大切だと思うことは意識の改革ではないかなというふうに思っております。というのは，まだまだ政治は男性，男がやるものという意識が強い中において，どちらかというと，実力さえあれば女性も男性も活躍できるはずだし，その結果，女性と男性が半々になるというのが望ましいというのがわが党の考え方ではありますけれども，そういう考え方の下で進めてきても，実際は，結局は女性の候補者は増えていないし，女性の議員も増えていないように思います。

紙谷：ありがとうございました。次，神本さん，お願いいたします。

神本：皆さん，こんにちは。立憲民主党の神本みえ子でございます。参議院議員です。今日はこういう形でお招きをいただきましてありがとうございます。立憲民主党はまだ若い政党でございますけれども，先ほどからのお話をずっと聞かせていただいて，やっぱりパリテを達成するには野党が頑張らなければというお話もございました。そういう意味では，わが立憲民主党，この法の成立を受けて本気でやる，そのことを党としても形で示さなければいけないということで，党内で今，私もジェンダー平等推進本部長として取り組みをさせていただいております。さて，先ほどから政治分野の参画推進法，この法の成立，2016 年に野党案を提出してからさまざまなことがあり，同数なのか，均衡なのか，均等なのか，ということがあり，均等ということで与野党一致して，ようやく成立した。やや時間がかかり過ぎたなと。これは誰のせいかということも今更申し上げることはありませんけれども，日本の政治にとって本当に重要な，大きな一歩だということをあらためて，今日の第１部のお話を聞きながらも，認識をさせていただいたところであります。

今年は統一自治体選挙，そして参議院選挙がございます。法施行後，初めての選挙であります。わが党としてはこれをパリテ元年，パリテという言葉も先ほどから何度も出てきました。パリテ元年というふうに位置付けまして，取り組みをしているところであります。そのために法施行後，党内でも何度も議論をしてまいりました。そして，男女半々の議会，パリテ議会を実現する。それを目指すためにやはり数値目標が必要ではないかということで，数値目標を決め，また候補を決定するところが，男性が女性の候補を選定する。それはおかしいじゃないかということで，候補を決定する，そこにも女性がきちっと入っていく。また環境整備をしていくということを，これまではジェンダー平等のところだけで考えて決めてきたんですけれども，党の機関決定ですべての常任幹事，執行役員が了解をした上で，以上のことを決めてまいりました。具体的にはより多くの女性が参画できるように，立憲民主党としては立候補休職制度，あるいは議員の出産・育児・介護などの環境整備，この法案をつくるということで，今，検討を党内でやっております。また，クオータ制についても，パリテ，今回の推進法ができましたけれども，やはりこれだけでは政党の努力ですので，クオータ制が必要ではないかということも視野に入れながら，今，調査研究を進めているところであります。以上です。

紙谷：矢田さん，お願いいたします。

矢田：皆さま，こんにちは。国民民主党の参議院議員，矢田わか子と申します。国民民主党，ほとんど知られていないと思いますけれども，民進党の存続政党として昨年5月に結成した若い政党であります。その中で，6月には女性の擁立30％というのをどの党よりも先に掲げまして，今，取り組みを推進しているところであります。今日はちょっとお持ちできなかったのですが，これに当たってはまず一番に入り口の部分ということで，候補者擁立をするために女性の候補者の勧めというパンフレット，リーフレットをつくりました。私たち国会議員が白いTシャツにジーパンを履いて，身近なイメージを皆さんに訴えて，私たちのような普通の一般庶民でも国会議員になって活躍している，だから，皆さん一緒にどうぞ政治の世界の扉を開きませんかと呼び掛けをするような，そんなリーフレットをつくりました。そして立候補した人には，2番目に資金が必要となりますので，WS基金というものをつくりまして，新人の特に女性の方には上積みをし，資金面でも応援していくということをやっております。

ただ，ずっとそうやって1年間，候補者選びをしてきているのですけれども，数字でいえば，都道府県では今，191名中32名ということで，16.8％の擁立率にとどまっております。政令市でも15％，市町村では13％ということで，実際に出てきてくださる方には苦戦をしているという状況です。ただ，この状況がなぜそうなっているのかということを今，分析をしている。いろんな壁があります。意識の壁，周りの壁，そして擁立をしていく上での家事や育児の壁，そういったものをどういうふうに取り除いて，皆さんに安心感を与えて，しっかり政治活動に取り組んでいただけるのかという分析をしながら，今も諦めずに次なる候補者選びを進めている最中であります。皆さんとともに頑張っていきたいと思います。どうぞよろしくお願いいたします。

紙谷：ありがとうございました。竹谷さん，お願いいたします。

竹谷：公明党，参議院議員の竹谷とし子でございます。本日は貴重なフォーラム，シンポジウムを開催していただき，また参加の機会をいただきまして，感謝を申し上げます。ありがとうございます。公明党は国と地方をあわせた議員数が現在 2,934 人いる中で，女性は 918 人で，31％を占めています。公明党としては女性議員を積極的に登用していくという方針の下で，党の組織の中に女性員会を設置して，党副代表の古屋範子衆議院議員が女性委員会の委員長，その下で女性局長という立場で私が仕事をさせていただいているところでございます。国会議員と地方議員のネットワーク，チーム力で，現場の声を受け止めて政策立案に結びつけ，そして国と地方のそれぞれの議会で取り上げながら政策を実現するという活動をしております。女性委員会では，女性の健康，子ども・若者，教育と文化・芸術，平和・環境という女性の視点を活かした４つのプロジェクトチームをつくって活動しています。プロジェクトチームは国会議員と地方議員がメンバーで，視察や勉強会などの調査活動や，講演会を開催するなど，政策立案につなげているところでございます。

さらに東日本大震災発災直後に，女性の視点からの防災に取組む必要性を痛感し，女性防災会議を立ち上げて，これも国と地方のネットワークの力で，女性議員が中心となりながら，男性議員にも協力していただいて全国で防災行政総点検アンケートを実施しました。その中で防災計画に女性の視点が不足していたことが分かり，防災会議への女性の登用の推進や災害備蓄，避難所運営などに女性の視点を活かすなど，全国で展開してまいりました。さらに液体ミルクが災害時には有用だというお声を受けて，国内での発売のための基準策定を後押しし，今は液体ミルクを活用していくということについても取組を進めているところでございます。政治分野における男女共同参画の推進に関する法律の実効性を高めていくために，公明党としても特に機会の均等を実現可能なものにするために人材の育成が非常に重要であると思っておりますので，党内外の力をあわせて女性議員が増えていくように取り組んでまいりたいと思っております。よろしくお願いいたします。

紙谷：ありがとうございました。次は田村さん，お願いします。

田村：日本共産党の2016年に党の副委員長となりました，参議院議員の田村智子です。私が副委員長になったことで，6人いる副委員長のうち2人が女性ということになります。皆さんが本当に運動をされて，女性の候補者を半分にという動きが強まる中で，2016年参議院選挙の政策の中で「女性候補者50%を目指す」ということを掲げて努力しているところですが，これまでの国政選挙では候補者，議員ともに3割で，次の参議院選挙で私たちの姿勢も問われてくるということを感じているところです。しかし，現在，戦われている統一地方選挙では，わが党の女性候補者は111人，46%です。中でも県議選挙では，例えば埼玉県では14人中10人が女性，神奈川県も16人中7人など，とくに関東近県は女性の割合が高いです。東京都議会でいいますと，これは選挙がありませんけど，18人中13人が女性です。

　どうして女性候補者や議員の割合が高いかを考えてみると，さまざまな運動を女性の皆さんが現に担っている，そういう方々が日本共産党に入っている。近年でいうと，やはり原発の問題とか憲法9条を守れという運動の中で，女性の皆さんが日本共産党に共感し，また「市民と野党の共闘」に共感し，党員になってくださる。そこから地方議員を決意してくださるという方がやっぱり近年増えているというふうに思います。

政党そのものがどういう組織を持つのかということが，本当に女性の候補者を増やせるかどうかというところは一つの鍵になってくると思うんですね。やっぱり草の根で市民の皆さんとともにどんな運動に取り組んでいくのかが問われていると。

もちろん，私たちも努力がもっともっと必要で，日本共産党に入っても，家庭的なさまざまな時間の制約から党活動が十分にできないなどの問題もあります。女性委員会もそこの相談にもいろいろ乗りながら，いかにして運動や，学習など党活動に参加できるかということを共に考えているところです。女性委員会は，女性に関わる政策等を検討しますけれども，国政選挙の候補者選定については，女性の割合をどうするかも含め，中央常任委員会，党中央委員会の一番核になるところで議論し決定しています。今後も一層努力していきたいと思います。ありがとうございます。

紙谷：ありがとうございました。行田さん，いかがでしょうか。

行田：希望の党の幹事長を務めております，参議院議員の行田邦子です。今日はこのような機会をいただきまして，本当にありがとうございます。希望の党といいますと，一昨年の秋に女性初の都知事となりました小池百合子さんが立ち上げた党としてご存じだと思いますけれども，その党がまだ残っているということを知らない方も多いかと思いますが，残っておりまして，ただ，私も含めて５人だけです。ということで，私が幹事長を務めております。それで何か努力をしたわけではないのですけれども，女性が４割ということになっております。小さな政党ですけれども，お声掛けをいただいたということは，政党の代表ということよりかは，むしろ私自身がこれまで，そして現在も，今日，テーマとなっております法律のもとをつくった，そしてまたこの法律を成立させる原動力となった議員連盟の事務局長を務めているということで，お声掛けをいただいたのかなと思っております。

私自身の考えも言っていいですよということでしたので，ちょっとお話をさせていただきたいと思います。私自身は国会議員になって12年目ですけれども，国会議員になる前は，女性議員というのは自然に増えるものだろうと思っていました。ですから，ポジティブ・アクションとか，あるいはクオータ制ということに対しては，どちらかというと，あまり前向きな考えではなかったのです。選ぶのは有権者の皆さんですから，自然に女性議員は増えるだろうと思っていたのですけれども，12年間，こうやって国会議員を経験しまして，そして国会の中を見まして，そして世の中を見まして，何もしないで女性議員というのは増えないのだということが分かりました。そして，特に議員連盟でいろいろと諸外国の取り組みを学んだ中で分かったことも同じことであります。さまざまな国々でどういうことをしているのか，していないのかを学んだ，勉強した中で，何もしないで，例えば国で法律をつくったり，制度をつくったり，あるいは政党が規約を変えたりといった，何も自主的な努力をしないで勝手に女性議員が増えている国というのはほとんどないということが分かりました。では，日本ではどういうことができるのかということで，この法律をつくるに至ったということであります。私どもの希望の党ですけれども，目標値といたしましては，候補者の3割ということを目標に掲げて，この統一地方選を戦い，また参議院選も頑張ろうとしているところです。

⑵　今後の選挙の目標値，ポジティブ・アクションについて

紙谷：ありがとうございました。皆さんのお話をまとめると，まず政党が頑張って候補者選定のプロセスを「見える化」していく，あるいはリクルートを一生懸命頑張る，そして女性に関心のある，あるいは生きている，生活している人たちに関心のあることをやっていくと候補者はちゃんとついてくる，あるいは率先して育っていくというよう

なことがうかがえるかなと思いました。やはり少しはロールモデルも必要という気がいたします。

そこで目の前に迫りました統一地方選挙について，政党の方たちにいろいろ回答していただいております。目標値があるところも，ないところもあります。7月には参議院選挙が予定されております。任期満了して，そのまま放っておいたら減ってしまうかもしれない。ここですごく頑張らなければいけない状況なのだということになります。ということで，ジェンダー平等を意識した組織の存在は女性政治家になる人材を養成するのに有効なのか，あるいはポジティブ・アクションをどういうふうに考えてらっしゃるのか，この辺についてまた，今度は2分ずつなのですけれども，お話をしていただきたいと思います。まず稲田さんからお願いいたします。

稲田：私は必要だと思います。ただ，ポジティブ・アクション，またクオータ制についてわが党は大変否定的な考え方で，それは男性議員のみならず，女性の自民党の国会議員もクオータ制に反対している議員が多いです。ただ，数値目標を挙げるということにも実はわが党は大変慎重なのですけれども，私は数値目標を挙げることなくして改革が進むということはあり得ないと考えていますので，絶対に数値目標は挙げるべきだと思っておりまして，党大会の前日に全国幹事長会議，47都道府県の県連の幹事長が集まる会議があったんですけれども，その場で幹事長室の方針として，各級の選挙に女性の候補者を少なくとも1名，随分低い目標だと思われると思いますが，少なくとも1名は出すようにということを要請いたしました。

統一地方選挙で今回370人，全体の7.8%でございます。非常に少ないですけれども，これであっても，前回の273名から100名も増加をいたしております。そしてまた県連の取り組みで，女性候補のみの決起大会をやる県連も出てきたところでございます。また最近，女性議員の飛躍の議連をつくりまして，そしてその中で，自民党の党本部で初めて女性議員専用の部屋をつくることができまして，そこに地方の議員ですとか，また候補者ですとかが来て，いろんな悩みを話し合える，本当の意味での見える化，数字の見える化とともに，本当の意味での見える化を進めることによって，そしてまた小さくても目標を定めることによって，私は候補者も，また結果として議員も増やすことができるのではないかと考えております。

紙谷：ありがとうございました。神本さん，いかがでしょうか。

神本：ありがとうございます。立憲民主党としては，先ほど申し上げましたけれども，党全体として女性候補擁立の数値目標を決め，組織の中でしっかりと取り組んでいくということを決定いたしておりますので，具体的には数値目標としては女性候補 4 割の候補擁立を目指すということで，実際には今，統一自治体選挙の候補は残念ながら27％までにしか至っておりません。参議院の候補については選挙区で15 名，比例区では 7 名ということで，全体がまだ確定しておりませんので割合は出せませんけれども，4 割を目指して頑張っていきたいというふうに思っております。

それから具体的な取り組みとして，ジェンダー平等推進本部というのがありまして，そこがエンジン役になって選対と合同で女性候補擁立チームをつくっております。パリテナウ事務局，パリテナウプロジェクトと申しておりますけれども，そこで女性候補を擁立していくということです。具体的にどういうことをやっているかといいますと，公募を行いました。女性候補限定の公募。そして，党としてはパリテナウ集会ということをこれまで 11 回，各地で小さな会を含めて開催してまいりました。それからハラスメント防止宣言というのを出しました。票ハラ，セクハラ，さまざま出ておりますが，女性が戦っていく，また立候補していくときに，このハラスメントって非常に大きな問題となりますので，ハラスメント防止宣言，それから相談窓口も党本部に設けまして，あるいは通報窓口というようなことも設けております。

具体的な候補者支援としてはパンフレット，今日，お手元に配っていただいているかと思いますけれども，パンフレットをつくって，皆さんに女性候補擁立，そして女性議員誕生を進めさせて頑張っております。以上でございます。

紙谷：すみません。時間が押しているので，矢田さんにお願いいたします。

矢田：国民民主党です。私は実は長く企業の中でこういう男女平等の仕事をしてきました。労働組合の中でもしてきました。最も遅れているのがこの政治の世界だなというふうに，まだ国会に出て2年9カ月ですけど，そう思っています。ですから，まずは目標数値をきちんと掲げて，その目標数値に対してどれだけのギャップがあるのかをしっかり見ていく必要があると思っています。国民民主党，残念ながら今，申し上げてきたとおり，15%しか統一地方選挙に向けて擁立が決まっておりません。30%，1年前に立てた目標に対して半分だということです。じゃあ，なぜギャップが生まれるのかということをしっかりと分析していく必要があります。私たちの党はスクールもやっています。女性の政治家擁立スクール。そういったところでも，擁立する仕組みづくり，仕掛けづくりは長年にわたってやってきたのですけれども，それでもやっぱり出てこれない。何が原因なのか。先ほども申し上げたとおり，一番の課題はやっぱり意識の壁だというふうに思います。本人がまず意識を持つ。決心をしたとしても家族や周囲の方々がやっぱり反対する。そういったところに勝てないわけです。

では，その意識の壁を乗り越えるためにどうしていくのか。私たちは一つの方法として自分たちの姿を等身大で見せて，パンフレットを配り，身近な相談役として私も今，2つ相談を抱えていますが，出たいと思っているけれども，どう説得したらいいか，どんなふうに両立の壁を乗り越えたらいいか，ということを自分の体験談を話しながら，お話をさせてもらっています。私は子どもを育てながら政治家になる決心をしたのですが，当然，兄弟にも親にも反対をされ，泣かれましたし，そういったことも話しながら，どう乗り越えたのかということを一生懸命話していくことで，少しずつその方法論を学んで，じゃあ，頑張ってみるわというふうな人たちが生まれてきているのも事実です。こうしたことを繰り返しやりながら，諦めずに女性をやはり政治の場に参画させていくということが必要だと思います。会社でいえば，やはり目標数値を掲げますので，しっかりやっぱり本当は政治の世界でもクオータ制，打ち出しをしてやっていくべきだと思いますので，党内でもそんな論議を仕掛けていきたいというふうに思っております。ありがとうございます。

紙谷：ありがとうございました。次に竹谷さん，お願いいたします。

竹谷：今回の統一地方選でも，やはり約３割の女性候補を擁立しているところでございます。候補者を選挙で勝ち抜けるよう支援していくこと，そして当選した暁にはその後，女性という視点も活かしながら，一人の政治家として国民，また住民の負託に応えていけるように，仕事で実績をつくっていくことが何より重要であると思いますので，その意味で，候補者の支援，そしてその後の人材育成に，わが党としては力を入れて取り組んでいるところでございます。

例えば男女共にですが，新人候補研修をしっかり行い，わが党としての生活者の視点での政策実績や，自分が議会で何をするのか，何を実現したいかということを有権者にしっかり伝えていくための街頭演説のやり方や，訴え方からはじまり，当選後にも新人議員研修や夏季議員研修，また定期的に開催している議員総会などの場で政策を学び，またベテラン議員との交流をおこなっています。また女性議員は子育てをしたり，また介護の中心的な役割を家庭で担っていたり，いろいろな悩みがありますので，現職の議員や元議員にも協力をいただいて，懇切丁寧に相談に乗っていく体制というものを目指しております。そうした中で女性候補が選挙に出やすい，そしてその後も力を発揮していける，そういう環境をつくっていきたいと公明党は考えております。

紙谷：ありがとうございました。田村さん，お願いいたします。

田村：わが党が議席を伸ばすこと自体が，女性議員を増やすことだなと思っています。前回の東京都議会の選挙もそうだったのですね。共産党が躍進したから，女性議員が18人中13人という画期的な成果をつくることができましたので，まず議席増へ頑張りたいというふうに思います。

同時に，やっぱり政党というのはエリートがつくるものではないので，私はハンティングしてくるようなのでいいのかなというのは率直に思います。政党は市民がつくるもので，女子差別撤廃条約の選択議定書の運動とか，選択的夫婦別姓の運動とか，あるいはやっぱり男女の職場での差別ってまだまだいっぱいあります。子育てのしにくさもいっぱいあります。あからさまな女性の入試差別もありました。こういうときに女性の皆さんがやっぱりこんな世の中は変えようよと言って，共感できる政党にどんどん入っていただく。私たちももっと迎え入れるという努力を本当にしなければいけないなと思います。そうであってこそ，女性の議員が増えていくのではないかと思います。

同時に選挙制度そのものは，やっぱり供託金が高すぎて，資金力はどうしたって男性と女性と比べれば女性のほうが弱いです。ですからその問題とか，あるいは小選挙区制，男性でなければ回れないような回り方をさせられるとか，こういう制度そのものは見直していくことがポジティブ・アクションになるのではないのかなと考えています。

紙谷：ありがとうございました。行田さん。

行田：私はやはり数値目標は設けるべきだと思っております。この政治分野における男女共同参画推進法の第4条では政党政治団体の努力義務を規定していますけれども，その中にはこのように書いてあります。男女のそれぞれの公職の候補者の数について目標を定める等，自主的に取り組むよう努めるものとすると。これはあえて数値目標を定めるということを特出しにしている条文になっています。ここに法案をつくった，法案作成者の思いが込められているということであります。自民党の稲田先生が数値目標はあるべきだと，おっしゃってくださったことに，大変に心強く感じております。

ちなみに希望の党ですけれども，統一地方選での候補者は21％が女性です。先ほど3割を目標と言っていましたけれども，すみません。及んでおりません。希望の党としては政治塾を立ち上げましたが，そこでは女性の割合は25％でした。ここでも3割にしようと思ったんですけれども，及びませんでした。でも，結構来てくれたかなと思っていますけれども，18人の女性が来てくれたんですが，そこで統一地方選の立候補に及ぶに至った方は1人ということでした。やはり一つは女性議員のメンターというのが必要なのかなという，制度的にも必要なのかなと思っております。それから，今までもお話がありましたように，選挙制度そのものがどうなのかということ，それから資金面の問題，それから有権者が議員，候補者に求める活動内容など，これは有権者の理解，そしてまた協力も必要なのかなというようなことを思っております。

⑶　フロアからの質問とまとめ

紙谷：ありがとうございました。数値目標をする，チームプロジェクト，これは全員を巻き込むということなのだと思います。そこから党の意識を変えていく，ここがとても重要なのではないかと思います。英国の例ではございませんが，ほかの党の状況を，ここで皆さん，情報を得たことで刺激になったでしょうか。次は絶対にもっといい，私たちのほうがすごいのよというような目標，実績を出していただきたいと考えております。

いただきましたわが党の基本方針，実際に実施できていますか。今度の統一地方選挙では，いろいろ実績をお話しいただきました。21日の統一選挙ではどうでしょうかということで，三浦さんから，フロアからの質問と併せて最後に一言，皆さんにお話を伺いたいと思います。

三浦：フロアのほうから一つ二つ質問を取りまして，それも含めた上で私のほうの質問をして，一巡して，第２部終了というようになります。ですので，フロアのほうからお１人かお２人か，質問をいただけると幸いです。手を挙げていただけますでしょうか。そちら，お願いいたします。お名前をお願いいたします。

山下：国際女性の地位協会の山下泰子と申します。Ｑの会で一生懸命，法案づくりに頑張った１人として，今日の会をとてもうれしく思います。今，田村さんからちょっと触れていただいたのですけれども，私たちこれから何を目指していくかというところで，女性差別撤廃条約をきちんと位置付けること，これが大切じゃないかと思っています。個人通報制度というキーワードで，ちょっと分かりにくいかもしれませんけど，この条約を実質化するための制度を私たちは構築しようと目指しています。ぜひ各政党にこのことについてどうお考えか，お伺いしたいと思います。よろしくお願いします。

三浦：ありがとうございました。もうお一方，いかがでしょうか。

ベッキ：大学４年生です。議員の皆さまが先ほどから意識を改革しなきゃいけないということをおっしゃっていたんですけれども，具体的にどのような意識の改革が必要なのか，教えてほしいなと思います。よろしくお願いします。

三浦：ありがとうございました。もうお一方，こちらで手が挙がりましたので，３人目の方，よろしくお願いいたします。

林：弁護士の林陽子と申します。初めに候補者均等法の成立にご尽力された皆さんに心より敬意を表します。今日の前半のご発表でも，立法，議会における女性の過少代表というか不在が問題とされたわけですけど，日本国を見ると立法だけではなくて，閣僚にも20人のうち1人しか女性大臣はいないし，最高裁にも15人の裁判官のうち1人しか女性がいなくて，三権分立の三権すべてに女性がいないことが問題なのですね。そうしますと，私はやっぱり男女共同参画社会基本法，今年は成立20年ですけれども，これを抜本的に変えていく必要があるのではないかと思います。例えば2条2項の積極的改善義務というものも，もっと強い形でのポジティブ・アクションを国の基本法の中に明示的に入れていく必要があると思うのですけれども，それについて今，各政党はどのようなお立場なのか，議員の先生方，何かご意見があればお願いいたします。

三浦：ありがとうございました。今3つほど質問がございました。ポジティブ・アクションについて，単に数値目標ということだけではなく，さらに踏み込んだポジティブ・アクションをするべきではないかということについてどうお考えなのか。とりわけ，男女共同参画社会基本法の改正を含めて，ポジティブ・アクションができるような仕組みにすべきではないかということに対して，レスポンスがある方はご挙手いただいて，ご回答いただければと思います。

神本：男女共同参画社会基本法のポジティブ・アクションについては，私，立憲民主党の前，民主党のときに，第3次基本計画をつくるときに現状の履行状況をしっかりと数値化して，そして5年後の基本計画の見直しのときまでにどこまでできて，何がネックでできないのかということを明確にすべしということを基本計画の中に書いておりました。ポジティブ・アクションということを書いておりましたけれども，具体的には例えば雇用機会均等法についてもなかなか進んでいない，そのことも含めて今，法改正も視野に入れるべきではないかということはこれから立憲民主党の中でしっかりと議論していきたいと思っております。

三浦：ありがとうございます。それでは閣僚，それから司法を含めて，では，田村さん，お願いします。

田村：政治の分野で「女性議員３割」が達成できていないのと同時に，確かに企業の中の役員の３割も達成できていないし，国家公務員も女性管理職は２割を切っているのではないでしょうか。この要因として，コース別人事制度の問題は大きいと思います。採用時からコース別で，転勤ができるか，残業ができるか，これによって役員になれるかどうか，出世できるかどうかと，入り口で決めてしまう。こうなると，出産や子育てというのは「負」でしかない，実態として「負」としてしか評価しないことになってしまう。そうではなく，プラスに評価できるものがたくさんあるでしょ，という発想の転換が必要だと思います。コース別人事制度をいつまで続けるのかなど，女性管理職３割が達成できていないのはなぜなのかというところを，かなり具体的に踏み込んで分析し，次の計画に反映することが求められていると思います。

三浦：ありがとうございます。雇用において，民間企業を含めたポジティブ・アクションの検討が必要かと思います。フロアからは，意識について具体的にどういう改革が必要なのかということがございました。女性の意識の改革も必要ではないかというご発言がありましたが，これについてもう少し具体的にお答えいただけますでしょうか。

矢田：大学生の方，ご質問ありがとうございます。社会に出られたときに，やはり私もそうでしたけれども，いきなりやっぱりジェンダー意識，長年かかってこの日本には社会的・文化的につくられた性の意識というのがやっぱり根付いているのだなということを感じるのですね。会社の中もそうでした。政治の世界もそうなのですよね。周囲の近所の人もそうですよ。たまに夫が洗濯物を干していたら「奥さん病気ですか」と言われるのですね。そういうふうな意識がやっぱり日本の中にあるという前提に立って物事を進めないといけないと思っているのですね。政治は特に，私は入ってみて思いましたけれども，定年はありませんので，すごい年のいったおじいさんというのは失礼ですけど，やってはるんですよ，いつまでも。そうなると，ちっとも若い人たちの，女性たちの意見なんて反映されてない。「なんで出てきはったんですか。子どももいてはんのに」と言われてしまうわけですよね。そういうふうな意識に打ち勝っていかなくちゃいけない自分がまずいます。そして，今度は自分が決心した後は周りですよ。「女だてらに政治をやるんか」とやっぱり言われるわけです，皆さん。特に夫に反対される女性は多くいらっしゃいます，経験談からも。そういうことを，女性でも政治ではなく，女性だからこそ政治に出ていくのだと，社会を変えていかないとなかなか物事が進まないと自分の実体験にもありまして，そういうことを党の中でも今，共通認識として進めていきたいなということであります。

三浦：ありがとうございます。意識についてお話しいただきましたが，社会全体における意識改革は政党以外のわれわれも含めてやっていく必要がある課題かと思います。他方で，政党の壁は政党の関係者，ここにいらっしゃる皆さまが内側から崩していただかないといけない，そういった大きな壁だと思っております。ですので，政党の壁を皆さんはどうやって内側から壊そうとしているのか，お伺いしたいと思います。数値目標を掲げることがとても大切であるというお話を伺って大変うれしく思いましたが，他方でまだまだ党首のリーダーシップが足りないんじゃないかとも思っているところです。なぜそのように私が思うかといいますと，推進法の成立を受けて内閣府で昨年度，海外の視察をいたしました。私もイギリスに行って，ここにいらっしゃる武田（宏子）さんと一緒に調査したのですが，そこで深く印象付けられたのは，女性のなり手がいないということが全くないということです。それはフランスにおいてもそうでした。またアメリカにおいても同様です。なぜ日本では女性のなり手がいないとか，女性の意識がまだ足りないんじゃないかという議論をしなければならないのか。それはやはり政党の意識が足りないということが大きな原因だと思います。

つまり，政党の側が本気で女性を擁立しようとしていないから，女性は二の足を踏んでしまう。本当に私の人生をこの政党に預けてもいいのだろうかというふうに思ってしまう。その根本的な原因は政党にあると思います。

政党の党首が強いリーダーシップを発揮して，わが党はこれだけ女性を出すという力強いメッセージを出した党首を残念ながら私は知りません。ここにいらっしゃる方々は本当に熱心に党内でその党首のリーダーシップをなるべく引き出そうと頑張ってらっしゃるわけですが，党首のリーダーシップを引き出すために一体どうしたらいいのか，お聞かせいただければと思います。

女性がこの党から出てみたいと思えるぐらいに党首がコミットすることと同時に，候補者の選定過程をオープンにして，フェアにすることも不可欠だと思います。誰がなぜ選ばれるのかについて，有権者の側，あるいはこれから出ようとする側からすると，ブラックボックスになっていて分かりにくいわけです。今回の政党アンケートでも，このような候補者を探しているという言葉では書いてくださっているんですが，あまりに抽象的で，立派な人物であるということ以外のことはない。でも，実際に出ている候補者を見ると，立派な人物だから選ばれたのか，ケース・バイ・ケースなわけですね。なぜこの人が選ばれたのか，有権者も全く分からないとなると，自分がこの党に行ってみて選ばれるのかどうかも分からない，あるいは自分はどういう努力をすれば候補者になれるのかも分からない。こういった状況ではいくら数値目標を掲げたとしても，なかなか女性としては出にくい状況に置かれてしまいます。皆さまは政党の中で進めていく立場にありますので，一体今後どうやって党首のリーダーシップを引き出すのか，また候補者の選定過程をどうやってオープンにするのかについて，お答えをいただければと思います。

関連してなんですが，アンケートの中でも，候補者の選定の部署に女性がいるかという質問に対して，半分ぐらいの政党が分からないと書いていらっしゃる。日本共産党はいると書かれて，ほかのところは不明，あるいはいたり，いなかったりと，そういうお答えなのですね。ということは，政党自身も自分たちがどういうプロセスで候補者を選んでいるのか，そこに女性がいるのか，いないのかさえつかんでいないという，非常に不透明な状況であることがこのアンケートからも分かったと思います。それを踏まえて，政党の壁を内側から打ち破るということに関して，お１人４分ずつ最後のお答えということで，どうぞよろしくお願いいたします。

⑷　政党の壁を内側から打ち破る等の課題について

稲田：ありがとうございます。党首のリーダーシップということに関しては，小泉郵政解散のときに刺客を立てるということで全国で立てたわけですけど，私もその１人ですが，そのときはたくさんの女性が立って，そして女性を比例で優遇するというようなこともやりました。なので，16 人も女性の国会議員が誕生したんですけれども，今，残っているのはたったの７人です。そして魔の３回生という言葉がありますけど，３回生で 11 人いた女性は今，たったの５人なんですね。何が言いたいかというと，困ったときは結構女性頼みなんだけれども，結局それから後のフォローが実はできていないのではないかというふうに私は思っております。それと，やっぱり私は先ほど県連のことを言いましたけれども，わが党は県の，地方の組織が大変強い組織があります。だからこそ野党に転落しても，もう一回，奪還することができたので，強い組織があるということは非常にいいことなんですけれども，県連の候補者の選定のあり方というのがまだまだ透明性が欠けている部分があるのではないかということが一つと，やはり地方の女性の議員が出ないと，やっぱり国会議員も出ませんし，地方の女性議員がなかなか出にくい状況にあって，今回の地方統一戦では 100 名増えた。これはすごいことなのですけど，36％増ですね。例えば大阪も千葉も，女性の県議も府議も１人もいないのですね。千葉なんかは過去から現在に至るまでいたこともないという，そういう状況の中で，今回，例えば大阪であったら５人の女性の新人の候補が出ております。そういったところにしっかりと応援をしていく。でも，しっかりと応援していこうと思ったら，今度は男性の議員との平等はどうなるのだとか，そういう問題が起きてくるわけですけれども，今回，私も議連をつくったのは，やっぱり議連だと自由に女性議員のところに大挙して応援に行ったりということができますので，そういう自主的な取り組みをしっかりとやっていくということでございます。

それから意識という意味からは，やっぱり日本全体，まだまだ女性議員が少ないので，あんなふうになりたい国会議員というのがなかなか出ない。むしろあんなふうにはなりたくない，私もそう思われていたんじゃないかと思うのですけれども，あんなふうにはなりたくないという国会議員，それから数が少ないからこそ，やっぱりワイドショーとかでも注目されるし，たたかれやすいという面もあるかと思います。前回の私の選挙だと，３名の女性議員，私と，それから豊田真由子さんと，山尾志桜里さんですね。連日連日，ワイドショーで取り上げられるというような，そういう風土がやっぱり変えていかなきゃいけないのじゃないのかなと，このように思っております。

そういったことを通じて，やっぱり意識を変えていく。政治は男がやるものという意識をしっかり変えていく。実は自民党は女性党員がすごく多いのですね。40％も女性党員がいて，そして力強い活躍をしていただいているんですが，実はその女性党員の皆さんが例えば総理が女性活躍することによって日本の経済を成長させるといったときに，その女性活躍って専業主婦のことをないがしろにしているんじゃないですかとか，女性活躍と言ったときに，なかなか女性の党員は多いですけれども，まだまだ固定的な役割分担ということに意識があるというか，そういう意味からも女性の党員を増やして，そしてその意識もしっかり変えていく。男性だけではなくて，そういうところも重要なんじゃないのかなと思います。以上です。

神本：党首の本気度を出せということですが，もちろん党で，先ほどから言っていますように，機関決定をしていますので，党としてやるんだということを，いわば党首がどれだけ本気で自分の中に入っているかということについてはちょっと，ここでこんなことを言っていいのか分かりませんけれども，そうなるように日々，顔を見るたびに，あるいは顔を見に行くたびに，あるいは好きなカラオケに付き合ったりしながら，ちょっと冗談もありますけれども，やっぱり党首の気持ちを固めるためにはその周りにいる執行役員，あるいは選対の本部長とか，そういうところから，周りから固めていくということはとても大事だと思うのです。党首が１人で旗をいくら振っても，その人の人格なり，そういうことも影響して，なかなかそれが本気度として出てこないということもありますので，その点は自民党さんほどではないかもしれませんけれども，なかなか難しいところはあるかもしれません。しかし，先ほどから繰り返していますように，立憲民主党は本気で女性４割の，男女半々議会を目指して，４割を目指すということは繰り返し言っております。公言しておりますので，そのことについては代表ももちろん了解の上でやっているということを申し上げたいと思います。

　それから政治はおじさんと，女性といっても一部のエリート女性，一部の女性のものだというような図式がどうも，何というか，固まっているような，先ほど名前を挙げられました，キャラの立った，個性的な女性議員の方々が繰り返しテレビで取り上げられると，そういう人たちがやるもので，私のようなものがやるのではないというふうに私自身も思っていましたし，普通の私は働く女性，学校の教員としてやってきた。これを政治として実現したいと思って，周りに逃げられない状況に追い込んでいただいて出てきたんですけれども，おととい，私，自分の実家がある選挙区に行ってきたんですが，戦後，県議会議員に女性候補が出たことがない，もちろん，だから，選ばれたこともないという，定数２人区なのですが，ずっと男性ばかりです。なぜそういうことになるのかというと，先ほど大山先生のお話にもありましたように，そういうところでは地区割で，業界や地域の自治会や消防団とか，そういうところの男性たちが順々にもう決まっているのですね。そこに初めて女性の無所属ですけれども，女性が出ました。

彼女は65歳ですけれども，農村女性が明治・大正・昭和・平成，そして新しい時代が来ようとしているのに自己決定もできない，地域づくり・まちづくり・地産地消・子育て・介護，ずっと担ってきたのに自己決定もできない，預金通帳も持てない，そういう農村女性の姿を変えていきたいということで決意をした女性がいます。初めてここで女性がゼロではなくて，選挙区から当選できたらいいなと心から思っているのですけれども，私でいいのかということから，私が出るんだ，私でいいんだというような女性候補を増やしていくことによって，政治を変えていかなければいけないなと。党首にもそのことを，目に物見せてあげなければいけないと思っております。以上です。

矢田：ありがとうございます。国民民主党です。私，党首の強い決意というのはもちろん必要だと思いますけれども，会社勤めが長いのであえて言わせていただくと，会社だとトップダウンですべてが進んでいくということを強く感じるわけなんですが，政党というのはたまたまそのとき党首だったみたいなこともあって，どれだけ力があるのかというと，正直なところ未知数だと思います。ただ，党首は党首としてしっかり発信していただかなくちゃいけない。うちの党首は実は全党の中で一番若い党首なので，今，この活動については大変理解があります。30％，党が結成されて１カ月目にそれを打ち出すわけですが，これは過渡期の目標であって，最終的には半々にするということも早々と打ち出してはいるし，そういったリーフレットもつくってPRもしていくということをしてもらってはいますが，やっぱり党首のみならず，周りにいる，どちらかというと，古手のずっとやってきたような方々の意識が変わらなければ，なかなか結局，邪魔されてしまうんだろうなというものを見ていますので，周りで支えながらしっかりと求めていきたいと思います。

透明性を高めるということについては必要なのですけれども，結局のところ，見える化をいくらしていっても，数字を見せていっても，その目標数値に何ら法的な拘束力もないわけなので，結局のところ，やらなくても済むようになっているわけです。ですから，どなたかがおっしゃったとおり，私はやっぱり女子差別撤廃条約の選択議定書の批准がこの国には一番必要だというふうに，今，思っています。先日の内閣委員会でも取り上げて，片山大臣に「やらないんですか」ということを迫りました。なぜなら，一番怖いのは外の目なわけです。結局，日本の中でいくらやっている，やっていると言っても，均等法もしかり，基本法もしかり，女性活躍推進法もしかりです。結局のところ，あまり強い法的拘束力がなく，せっかくつくってもほとんど機能していない。この間，別姓の制度についても，サイボウズの青野さんが結局，負けてしまいましたけれども，ああいうものも国際法に照らし合わせれば違反じゃないですかということを言われるのが嫌だから，選択議定書の批准をやらないわけですよね。だから，しっかりとまずそこを求めていかないと，この政治分野における男女平等も，せっかくつくった法律だからやりたいのですけれども，意味のないものにならないようにしていかなければいけないなと思います。

最後に政党でいうと，やっぱり外部の目は怖いです。今日のような集会は本当にありがたいのです。外部の目，しっかり政党やっていますよねということを，一面はライバルでもありますから，結局，政党間でしっかりやっているところとやっていないところがはっきり分かるわけです。皆さんがそこに圧力をかけてくだされば，あの政党は女性が多いからやっぱり選んだんだよということの審判を下してくだされば，きっと進んでいくと思います。一方で，与野党を超えて協力していかなくちゃいけない部分もあります。私，大変お世話になっている先輩ばかりなのですけれども，法律を成立させていくためには本当にここが一枚岩となって前に押し進めていかなければいけないこともたくさんあると思っています。ぜひ今日はそういった場でも，こういう場面で皆さんと意識を確認できるということを大変ありがたく思っています。これからも頑張ります。ありがとうございます。

竹谷：公明党でございます。代表の意識ということでございますが，わが党は党員の男女比でいいますと，大体半数ですけれども，女性の方がやや多いという特色を持った政党でございます。山口代表自ら，女性に対して非常に尊敬する発言をいろんなとろでしております。例えば，今回も政治分野の男女共同参画について記者から公明党に求められて答えたところでも，これからも女性候補は増えていく傾向にあると思っていますし，また男女機会の均等を目指す法の趣旨に従って女性活躍の機会を増やしていきたいということも明言をされています。

代表の地元の葛飾区には，9名の公明党区議会議員がいますが，半数以上が女性，葛飾区選出の都議会議員も女性ということもその象徴として挙げられています。今後，子育て支援も社会保障の重要な柱の一つと位置付けられる中で，女性が政治に対して果たしていく役割というのは非常に大きいということもおっしゃっております。また女性というのは小さな声を聞く力が非常にたけているということについてもきちんと評価をされて，これからも女性を増やしていくということを推し進めたいということも重ねてマスコミに対して発言されていますので，これを着実に実現していくということが重要であると思っております。

先ほどご質問の中でも女性差別撤廃条約の選択議定書の批准という

ことをおっしゃられておりましたが，非常に重要だと思います。また選択的夫婦別姓，わが党はこれについては推進する立場でございます。女性団体，女性の方々から陳情を受ける機会がございましたけれども，そこでも山口代表自らその陳情を受け止めて，これをやっていきたいということも明言されています。また女性だけではなく，多様性を尊重していく，共生社会を実現していく，人権を守っていくということが何より重要だと思っておりますので，女性をはじめとして，若者も含めて，しっかり声を受け止めていく，そして政策として反映していくということが重要だと思っておりますので，わが党は女性委員会のほかに青年委員会，またその中に学生局等もつくって，なかなか政治に声が届かない小さな声，そういったものを受け止めていく体制を作って取り組んでいるところでございます。

昨年の税制改正大綱の中でも，男女共に関係することでございますが，未婚の一人親には寡婦控除が適用されないという，そういう問題がございました。これはわが党は子どもの貧困という問題，また人権問題であるということで，改善していくべきであるという立場で一歩前進を図らせていただきましたが，これについても代表が先頭に立ってやっているという状況にございます。これからもこの政治分野，またほかの分野でも男女の機会均等が図られるように積極的に取り組んでいきたいと思っております。

田村：大変刺激的な意見をいろいろお聞きできてうれしいです。それで候補者ですけれども，私たち，やっぱり一番地元のところで日本共産党員としてどう活動してきたかということが，それが国民の皆さんに共産党の政治家として支持していただく上では一番大切な指標になってくるのですね。男性であれば女性に対する言動がどうであるかとか，女性に対する政策の理解とか意欲とかがどうかということも，私たちも党員の半分は女性ですから，地元の党の支部や後援会の人たちが，女性も含めて，この人が候補者だったら，よし，応援しようという方をやっぱり選定していくというやり方なのですね。だから，なかなかほかの政党とちょっと違うというふうに思うのです。

日本共産党として本当に頑張らなきゃいけないと，今もお話を聞いていて思ったのは，一つには女性が入ってみたくなるような魅力ある政党にもっともっと磨きをかける。それは党首を含めてですね。あまり難しい話ばかりしていたら魅力を感じないかもしれないので，それはもっとやっていかなきゃいけないことだろうなということは非常に思います。

それと意識改革，党の中の，ということでは，これは経験談ですけれども，実はわが党は核兵器禁止条約が国連で話し合われ採決されるときに，党として二度にわたって代表団を送ったのです。最初に送った代表団は男性だけだった。いろんな国の代表と話をしたり，国連の方とお話をしたら「ところで，女性はどこにいるのですか」と言われてしまい，委員長を含めて，大変恥ずかしい思いをして帰ってきたと。やっぱり女性が政党の主たる活動の中にいない，議会の主たる活動の中にいない，これは世界から見たら恥ずかしいことだという意識改革が，すべての政党に求められているということを強く思っているところですね。以来，海外に行くときには，ちゃんと女性が訪問団に加わり，しかるべき意見を持って女性も参加するように，わが党としても努力をしているところです。

また，今の日本の社会があらゆる角度から，男女平等が達成されていない。女子差別撤廃条約の完全実施のために個人通報制度は必要だと，やらなければならないというふうに思いますし，DV の問題もあります。リプロダクティブ・ヘルス / ライツの問題もあります。それから女性の低年金の問題などなど，やっぱりそこにどう取り組んでいくのかということが政党の主たる政策の柱になっていくことが，女性の候補者や議員を増やしていく力になっていくと思うのです。かつて私も秘書をやっていた時代に，丸子警報器のパート差別の問題があり，住友生命の女性の昇格差別があり，それから芝信金の裁判で勝訴がありと，こういう運動の流れの中で女性の問題は国会議員の中にも位置付いていたのが，非正規雇用が男女問わず若者の中に広がったことで非常に薄まってしまったように思うのです。その当時というのは，国会の中に与野党を問わず女性議員懇談会，女議懇がありました。やっぱりここまで来たのですから，自民党さんを含めて，女議懇を再開しましょうよ。それが各政党に対する圧力になるんじゃないのかと，このことをぜひ強く与党の皆さんに呼び掛けて，最後のまとめの発言としたいと思います。ありがとうございました。

行田：最後の発言ということですけれども，党首を本気にさせるということで，皆さんご苦労されているのかなと思いますが，やはり世論が重要だと思います。そういう意味では政治分野における男女共同参画推進法，この法律ができたことによってメディアが取り上げてくれると，そしてまた今日のような日本学術会議においてシンポジウムをやってくださると，こういう動きが非常に重要なのかなと思っております。こうした世論の動きというものをツールとして，党首を本気にさせるということができるのかなというふうに思っております。

最後の発言ということですので，幾つか申し上げたいと思うのですけれども，この法律は候補者の男女均等ということでございますけれども，候補者が均等となったとしても，その後の選挙を経てどうなるかということなのですけれども，実は前回の第48回の衆議院選挙の結果を見てみますと，男女別の候補者の当選率を見ますと，男性は43%でした。他方，女性は23%と。衆議院選挙全体で見ますと，女性の候補者の当選率がかなり低くなっている。これはずっと見てみますと，中選挙区の頃から1〜2回の例外を除いて，ずっと女性の候補者のほうが，当選率が低いという状況です。ですから，ここはやはりまずは候補者を均等にしていくということを目指してやらなければいけないと思うのですけれども，じゃあ，選挙制度がどうなのかと。特に小選挙区という制度が女性の候補者にとってどうなのかということも今後の課題としてあるのかなと，考えていかなければいけないのかなというふうにも思っております。

それから，この法律ができました。そしてクオータ制という議論もあります。クオータ制には法律型と政党型と，ご存じのようにありますけれども，これはいろんな議論がありますけれども，私自身は今の日本の政治風土，革命的な変化が起きない限りは，今の日本の政治風土では法律型，法律などで縛るのではなくて，政党の自主的な努力，それも単なる努力ではなくて，規約などを変えるという相当な努力で女性の候補者を増やしていくということが，結果として早道なのではないかなというふうに思っております。そういう意味では，イギリス・ドイツのパターンが参考になるのかなと思っておりまして，イギリスでは労働党，そしてまたドイツでは緑の党が政党の規約を変えて，そして女性の候補者，議員を増やすと。それに刺激を受けたライバル政党，保守政党が同じようなことをして，切磋琢磨して女性の議員を増やしていったという歴史がありますので，日本もそこは参考になるのではないかなというふうに思っております。

今日はこのような機会をいただきまして本当にありがとうございます。やはりこういう機会がありますと，私たち政党人，プレッシャーになりますし，見える化ということの大きな機会となったと思っております。本当にありがとうございました。

⑸　全体のまとめ

紙谷：では，全体をまとめて辻村さんのほうからお願いします。

辻村：皆さまどうもありがとうございました。議員の皆さまもお忙しい中おいでいただきまして，やる気を見せていただきましてありがたく思います。

私のほうからはまとめということですが，簡単に3つだけお話しします。一つは数のことです。「たかが数，されど数」という問題です。これは，女性議員が少ないことを話題にする場合，男性議員や男性研究者などからは，必ず，「数の問題じゃない」という反論がでてきます。しかしながら，それが言える状況かということです。日本は世界最下位になるかもしれないような状況にあって，数が重要なのは間違いありません。数がないとパワーにもならないのです。実力がないから女性議員は駄目だという人はいるかもしれませんが，「数も実力も」，「数もエンパワーメントも」です。また，その「数」とは，女性議員のみならず，男女共同参画を支援する男性議員や男女の支援者たちも含めた数です。そういった「数」を集めたいと思います。

そのためにも，第二点として，ポジティブ・アクションがやはり必要だということです。2005 年，小泉改革のとき，内閣府男女共同参画局に「ポジティブ・アクション研究会」ができ，私などもメンバーになりまして，どういう措置であれば憲法違反にならないかという研究を始めました。その後，報告書が出たのですけれども，そのままになってしまいました。憲法違反の疑いがある場合もありますから，逆差別にならず，政党の自律性との関係でも憲法違反にならないような有効・適切なポジティブ・アクションを選ぶことが大切です。これは数値目標のみならず，もう少し強いプラスファクター方式とか，インセンティブ方式とか，そう手段もありますので，これから十分検討して必ず実施すべきだと思います。2010 年の第 3 次男女共同参画基本計画のときに喫緊課題の第一にポジティブ・アクションを挙げていました。ところが，だんだんと減退し，第 4 次計画ではこの語が消えそうになってきました。今後，第 5 次基本計画策定の段階になりますけれども，そこでもポジティブ・アクションの論点を入れていきたいと思いますので，よろしく御理解をお願いしたいと思います。

第三に，これは私の経験ですが「争点ずらし」の手法に気を付けよ，ということです。例えば，私は，いつもルワンダが第 1 位になっているIPUの世界女性議員ランキングの表を出して話をするのですけど，以前に，ある著名な研究者の方から，「辻村さん，ルワンダに住みたいですか」という質問が出ました。「途上国ばかりがトップテンのような制度というのは，本当にいいのでしょうか」，「僕は日本のほうが絶対いいと思います」と言う議論でした。いわゆる「争点ずらし」ですね。これはよくあることです。ですから，これに対しては，明確に理論武装をして反論をして，核心を突いた議論をしてゆきたいと思っています。これは民主主義の話であり，代表制の話です。フランスの代表制で「半代表制」という考え方があるのですが，民意を正確に鏡に映したような国会にしましょうという新しい代表制です。この代表制のために選挙があり，そのためにさまざまなシステムをつくり，各国で努力をしています。外国で努力をしていることが，なぜ日本だけはできないのかということです。これから，今日ご参加くださいました皆さまと一緒になって，日本の本当の民主主義を取り戻すために頑張っていきたいと思います。今後ともよろしくお願いいたします。

紙谷：ありがとうございました。法律はつくることが目的ではありません。法律の制定目的を実現するために，この法律に関していえば，政党にぜひとも積極的に働き続けていただきたいと思います。私たちもその実績を検証して，それに基づいて投票したいと考えております。国連は203050というふうに言っています。2030年に50%，どこでも50·50になるようにというスローガンです。日本もぜひ203050，実現したいと考えております。どうぞ皆さんよろしくお願いいたします。

X　パネルと政党・会場アンケートのまとめ

1　政治分野における男女共同参画の推進に関する法律を育てる

紙谷雅子

2018年5月に成立した「政治分野における男女共同参画の推進に関する法律」(以下,「候補者均等法」という。)は,衆議院,参議院と地方議会の選挙において,男女の候補者の数ができる限り均等となることを目指して,国と地方公共団体に対して必要な施策の策定と実施に努めるという責務を課し,政党など政治団体に対して自主的に候補者の数についての目標を定めるなどの努力を求めている。現状を考えると,この法律が実効性を持つためには,期限を設けた数値目標,特別枠など……という意見も無視できない。が,第一歩として,4月の地方統一選挙と7月の参議院選挙を目前にしたこの時点(4月6日)で,政党の自主的な取り組みについての率直な声を聴き,情報の「見える化」をはかることにした。

会派別の女性議員の割合ももちろん重要であるが,より興味ぶかいのは候補者選定過程の透明性。どの政党も「候補者均等法」を踏まえて,女性に対して積極的に立候補を要請しているというけれども,既に存在する仕組みの中で,どのように支持される女性候補者を選出していくのか。選定部署における女性の存在と候補者擁立への意気込みとは弱いけれどもある程度の相関関係が窺える。残念ながら,目標値はあるけれども実態はなかなかそこまで到達しないという現実を,パネリストのみなさんは非常に歯痒いと思いながら,登壇し,発言している。

フロアからは，女性差別撤廃条約の選択議定書の批准，法律による明確なポジティブ・アクションの推進などについての今後の展望に関する質問だけでなく，意識変革についての疑問もあり，それに対して，社会全体にある，無意識の女性イメージがもたらす障壁に，活躍している議員たちも直面しており，だからこそ周りを巻き込んで変えていかなければならないとの重要な指摘があった。

ひょっとして，この法律の最大の収穫は，日本では 1946 年から女性に選挙権と被選挙権がある，しかも有権者の過半数が女性であるから，ポジティブ・アクションなどの工夫など何もしなくても時間が経てば議員の数も増えるのではないかと漠然と期待していたが，何もしなければ 70 年経っても女性が積極的に政治に参加することはないと，当事者である国会議員も認識するに至ったことかもしれない。より良い社会を次世代に繋げるために，政党の努力を適切に評価し，それを選挙結果につなげていくことが何よりも重要である。

（〔参考資料篇 資料 3 〕（本書 210 頁）以下数字で見る政党と女性議員――政党アンケートなどから」（紙谷雅子作成）を参照されたい。）

2 「政党アンケート」結果を読む

糠塚康江

はじめに

シンポジウムは，2019年4月6日(土)，統一地方選挙前半戦の投票日前日に設定されていた。このため，シンポジウム当日，パネリストして全政党からご登壇願うことが困難なことが予想された。そこで，本シンポジウムの企画趣旨をふまえ，「政治分野における男女共同参画の推進に関する法律」（以下「候補者均等法」と略記。）への各党の取組について，質問票を送付して回答をお願いすることにした。

アンケート実施の概要は，以下の通りである。

1. 質問項目の作成

シンポジウムの実行委員を務めた辻村，三浦，糠塚が作成。

2. 実施期間

2019年2月1日～2019年2月25日

3. 調査対象

2019年1月30日現在の国政政党（公職選挙法上の要件を満たしているもの。）

自由党・自由民主党・希望の党・国民民主党・公明党・日本維新の会・日本共産党・立憲民主党・社民党（アルファベット順。以下の記載も同様とする。）

4. 調査方法

各政党本部（幹事長宛）に質問票を郵送し，回答への協力を依頼。

郵送ないしEメール添付ファイルで回答書を回収。

5. 回収状況

全政党から回答票を回収　全9通

6. アンケート集計結果

回収した質問票を用いて，「質問票政党回答集」冊子を作成し，各政党およびシンポジウム参加者に配布。

回答の一覧表は，本書 資料２ ⑵に転載。

以下では，作成された質問項目の意義と，回答の全体の傾向について若干の私見を述べたい。本シンポジウムの実行委員会全体の見解ではないことをお断りしておく。なお，アンケート結果の個別の詳細については，参考資料 資料２ (本書194頁以下)をご参照いただきたい。

Ⅰ　質問項目について

候補者均等法の目的は，「政治分野における男女の共同参画を効果的かつ積極的に推進し，男女が協働して参画する民主政治の発展に寄与すること」(1条）にあり，この目的を達成するための基本原則の１つが，「衆議院，参議院及び地方議員の選挙において，男女の候補者の数ができる限り均等になることを目指して行われること」(2条1項) である。「政党その他政治団体は，前条（＝２条）に定める政治分野における男女共同参画の推進についての基本原則（…）にのっとり，政党その他の政治団体の政治活動の自由及び選挙の公正を確保しつつ，政治分野における男女共同参画の推進に関して必要な目標を定める等，自主的に取り組むよう努める」(3条)。よって，候補者均等法の成否は，男女の候補者の数が均等になるように擁立する政党の努力にかかっている。

候補者均等法は，衆参両院全会一致で可決されたことから，こうした政党の努力目標については，党内にコンセンサスが成立していることが想定されるところだが，現状の女性議員率からすれば，建前と実際にかなりの乖離が生じることが推測される。この乖離の現状から出発して目的に達するために，政党に努力を促すことが重要な課題となる。候補者均等法の定めるモニタリングの手法は，政党に公党としての自覚を促し，目的達成のための相互の競争を鼓舞する効果を生むよう活用することが望まれている。この度のアンケートは，各政党の取組の状況を比較可能にすることで，政党間の競争促進の試みであると同時に，各女性団体，女性の政治参画に関心のある研究者による，今後のモニタリングの参照軸に値するものにしたいというのが，質問票作成者の目標であった。

質問項目の柱建は5つで，それぞれで下位項目の設問を用意した。

第1は，各党の組織編成として，「政治分野における男女共同参画，あるいは女性候補者を増やすことを推進する部署」の存在の有無と，存在する場合については，その活動の内容を尋ねた。

第2は，2019年7月に実施される予定の参議院議員選挙にむけての取組である。①数値目標の設定の有無，②設定している場合の比例区・選挙区での比率，③先の改正で導入された特定枠の女性候補者のための活用の予定，④所属の女性議員数を増やすための対策を尋ねた。

第3は，2019年4月の統一地方選挙にむけての取組である。①数値目標の設定の有無，②設定している場合，数値目標はどの程度で，目標設定のイニシアティブをとるのは党本部なのか地方組織なのか，③全体として女性候補者比率はどのようになっているのか，④所属の女性議員を増やすための対策を尋ねた。

第4は，女性候補者選定の手続である。「女性候補者」擁立には，諸外国の事例からすると，「女性」ということだけで候補者に擁立されたという「スティグマ」疑惑がつきものである。このようなレッテルを貼られることは，当該女性候補者のみならず，擁立した政党自体にも負の影響を及ぼすことになる。そこで重要なことは，候補者選定の透明性である。①公募の有無，②候補者均等法の制定を受けて以前よりより積極的に女性に対して立候補要請をしているのか否か，③党内の候補者選定部署における女性比率，④女性候補者のなり手を見つけることの困難さ，⑤候補者選定の判断基準，⑥供託金を出すのは候補者なのか否か，について尋ねた。

第5は，ポジティブ・アクション導入の可否と候補者均等法が求める政党の努力についてである。各政党の候補者均等法へのコミットメントの度合いがテーマとなる。候補者均等法の原案が策定された際，男女の候補者数を同数にするため，現行の衆議院議員選挙に導入されている重複立候補制度に制度的に変更をもたらす必要が自覚されていたが，全党の理解を得ることが難しいことから，選挙法の改定は断念されたという経緯があった。候補者均等法の実効性を高めるためには，さらに次のステップを見据える必要がある。本項目は，候補者均等法のその先の行方を見据えるものでもある。①政党助成金の配分によって政党にインセンティブをもたせることの是非，②候補者均等法に実効性をもたせるための選挙方式の採用の是非，③党の広報活動として候補者均等法の啓発活動を行っているか否か，④党としての人材育成の取組について，尋ねた。

Ⅱ　アンケート結果の傾向

1. 政治分野における男女共同参画推進の担当部署

所属国会議員が少人数の政党にとっては，この分野に特化した部署を組織編成上設けることは難しいようである。現状設けていない政党は，今後も設ける予定はないと回答している。担当部署があると回答したのは，自由民主党・公明党・国民民主党・日本維新の会・日本共産党・立憲民主党である。

担当部局の実際の活動には，濃淡がある。党の主要な政策課題として政治分野への男女共同参画推進のために女性候補者擁立プランを策定している政党，他の部局との組織的連携によって具体的な法案作成に結びつけている政党がある一方で，啓発，女性党員や支持者との意見交換にとどまる政党もある。担当部局の存在は，当該政党の候補者均等法に対するコミットメントの積極性を必ずしも反映しているわけではない。

2. 参議院議員選挙に向けての女性候補者擁立の数値目標の設定

設定しているという回答をしたのは，自由党・希望の党・国民民主党・日本共産党・立憲民主党である。その比率は，比例区・選挙区ともに50%を掲げる政党もあったが，ほとんどの場合は，全体で30%，比例区のみで40%という目標値設定で，「男女同数の候補者」の基本原則には届いてはいない。

候補者擁立にあたっては，現職重視という傾向があり，多くの現職議員を抱えている与党にとっては女性候補者の擁立が困難であることが推測できる。もっとも，根深い政党風土の現れであるという見方ができないわけではない。

こうした状況を打破するためには，女性候補者を積極的に擁立した政党が，実際の選挙においてどのような成果を獲得できたかにかかってくる。こうした方針が，政党のイメージを刷新する効果と選挙民の支持を得ることにつながるとすれば，候補者均等法の社会への定着につながり，逆に政党の努力の促進に通じていくと考えられる。

参議院比例代表選挙特定枠については，女性候補者に利用するという回答はなかった。特定枠の提案趣旨，あるいは，特定枠を設けることに反対の態度表明をしたという経緯からすれば，想定内の結果といえる。

3. 統一地方選挙に向けの女性候補者擁立の数値目標の設定

党本部ないし地方組織のイニシアティブによって，「設定されている」ないし「設定されているところと設定されていないところがある」と回答したのは，自由党，希望の党，国民民主党，日本共産党，立憲民主党である。党本部の方針として50%ないし40%の枠を設定しても，地方ごとの事情で，実際はこれより低い数値設定になっている。

積極的に女性枠をもうけてはいないが，「まずは各級議会選挙において，女性候補が一人はいる状況をつくりだすよう，地方組織に要請」「公募などを活用し男女の別のないオープンで透明な候補者選考を行うよう地方組織に要請」という方法をとっている，あるいは女性枠を設けているわけではないが，地方議員の女性比率は30％を超えている，という回答もあった。

党組織が中央集権化されていることが必ずしも推奨されるわけではないが，党全体での方針が地方組織を含めて浸透しているわけではないことが推測される。候補者均等法は，地方議会も含めた対応を求めるものであるため，「党の方針」という以上に，地方政治の在り方として男女共同参画を推進していくことが求められていることを，草の根に浸透させていくことが肝要である。日本の傾向として，世界の潮流との比較において，地方議会の女性議員率が低調であり，地域の風土が女性の政治参画の障壁になっていることを推測させる根拠になっている。そうであれば，政党の各地方組織の活動は，候補者均等法の定着にとって重要なカギを握っていることを示唆する結果である。

4. 女性候補者選定手続き

ほとんどの政党が，女性候補者を公募ないし立候補の要請をしている。公募をしていないのは1党のみである。候補者選定部署の女性比率は，小政党では高いところもあったが，ほとんどの政党できわめて低い比率にとどまっている。政党という組織自体が，男性カルチャーの組織であるということをいみじくも示す結果となった。

女性候補者のなり手を見つけるのは困難かという問いについては，3党が「そう思わない」，1党が「そう思う」「そう思わない」の双方に回答し，与野党の規模の大きな政党を含め，5党が「そう思う」と回答している。政治に意欲を持つ女性がいるとしつつも，女性が負っている家庭責任，選挙資金，候補者ハラスメントのリスクなどが，女性に立候補をためらわせているという分析を政党自身が行っている。

このように女性の政治への参入障壁について一致した現状認識があるのであれば，候補者均等法の環境整備の要請にしたがって，女性が立候補しやすいように環境を整えるよう，全会一致で尽力していただきたいところである。この課題解決の効果は，政治分野における男女共同参画推進にとどまらない。社会に根付いた男女不平等の根源にメスを入れるものであることから，社会的・経済的領域への波及効果が期待できる。

各党とも，男女の候補者に求める資質は同じで，男女に差があるという認識を持っていない。

供託金については，候補者が用意すべきとしたのは，自由党，公明党，日本維新の会で，希望の党は，「ケースバイケース」という回答であった。自由民主党，国民民主党，日本共産党，立憲民主党，社民党は，「そうは思わない」と回答した。選挙資金は，女性に立候補をためらわす要因になっているので，与野党で再検討をしていただきたい事項である。

5．女性候補者を増やすためのポジティブ・アクションの導入について

女性議員が少ないのは，女性候補者が圧倒的に少ないことに起因する。このため，女性候補者を増やすことが急務となっており，女性差別撤廃委員会からは，女性差別撤廃条約４条１項の暫定的特別措置の利用を再三再四促されてきたという経緯がある。各国の政治分野で実施されているポジティブ・アクションの手法は，内閣府の調査によって既に知見が整っている。各政党がこうした手法に対してどのような考えをもっているのかを問うのが，本項目の狙いの１つである。

選挙制度改革を通じたポジティブ・アクションの導入は女性の政治参画について即効性を期待できるが，賛成に回答したのは，希望の党（しいて言えばペア投票制），国民民主党，日本共産党，社民党である。

自由民主党は反対であり，自由党，公明党，日本維新の会は。「どちらともいえない」である。立憲民主党は，「今後，事例研究を進めたい」というスタンスである。選挙制度へのポジティブ・アクションの導入は，当面，難しい状況である。

政党の努力を公正に評価する第三機関の設置に賛成の回答をしたのは，希望の党，国民民主党，日本共産党，社民党である。政党助成金によって政党にインセンティブを与える方式についても，政党助成金制度そのものに否定的な政党を含め，賛成の回答はない。

各政党が受け入れるポジティブ・アクションは，すでに日本で女性政策として導入されている，両立支援・環境整備などの緩やかなポジティブ・アクションにとどまる。そのうち，候補者均等法に関する啓発活動の方針をとっているのは，自由民主党，国民民主党，公明党，日本共産党，立憲民主党である。また女性新人候補の養成は，自由民主党，国民民主党，公明党，立憲民主党，社民党で行っており，希望の党は，その予定であると回答している。日本共産党は，「女性党員」を対象とした学習会を組織し，自由党は，男女問わない政治塾の形式をとっている。

おわりに

ここに示された結果は，2019 年 2 月時点での政党の候補者均等法に対する姿勢を切り取ったものである。これを原点に，今後，政党がどのように候補者均等法に向き合って努力を重ねていくのか，国民，マスコミの監視が続けられることが望まれる。

〔謝辞〕 各政党の担当部署の諸氏におかれましては，ご多用なところ，質問票に丁重にご回答いただきました。心より御礼申し上げます。

3　日本学術会議シンポジウム（2019年4月6日）会場アンケート

総合司会・廣瀬真理子

本シンポジウムの開催当日に，会場の聴講者を対象としたアンケート調査を行い，55人から回答が寄せられた。以下にその内容について紹介しよう。

⑴　回答者の属性

回答者（55人）のうち，女性が41人，男性が11人であり，女性が約4分の3を占めた（図1）。また，回答者の年齢構成をみると，「50歳代」と「70歳以上」の人々がそれぞれ15人ずつで最も多かった。次いで「60歳代」が11人であり，回答者の約4分の3は，50歳以上の人々であった。他方，「40歳代」の回答者は8人みられたが，「30歳代」はおらず，「20歳代」も4人にとどまった（図2）。

図1．回答者の属性（性別）

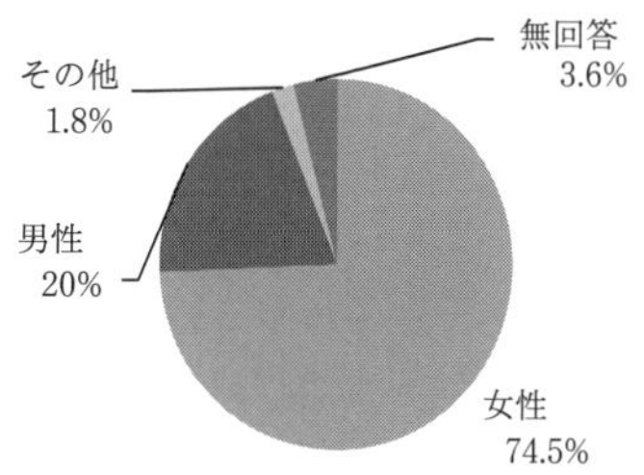

図2．回答者の属性（年齢別）

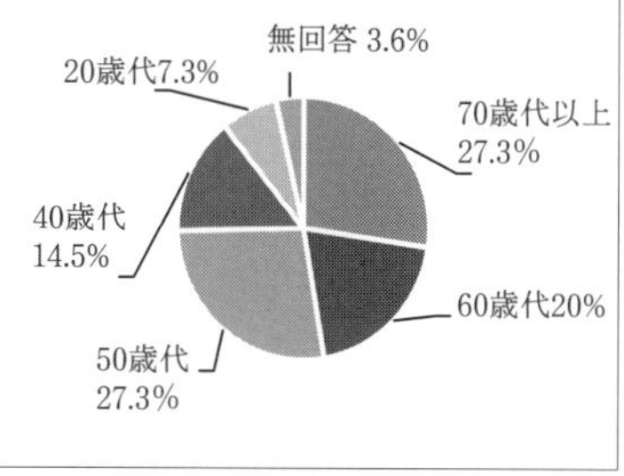

⑵　シンポジウムに対する感想

シンポジウムに参加した感想として，「大変良かった」，「まあまあ良かった」，「あまり良くなかった」，「全く良くなかった」の4つの評価段階の選択肢から回答を選んでもらった。

全体では，「大変良かった」という評価を示した回答者が30人であり，「まあまあ良かった」（18人）とあわせると9割近い人々が「良かった」と答えており，「良くなかった」という回答はみられなかった（無回答7人）。

⑶　政治分野の男女共同参画を進めるための措置について

「政治分野の男女共同参画を進めるために，どのような措置が必要と思うか。」という設問に対して，7項目から選んで回答してもらった（複数回答可）。回答の多い順に項目を並べると以下のようになる。

最も多くの回答が集まったのは，「法的なクオータ制」（34人）であった。クオータ制の具体的な数値を示したのは24人であったが，その半数（12人）が「50％」と回答している。次いで，「議員のワーク・ライフ・バランス支援」（27人）をあげる人々が多かった。

そのほか，「女性比率が高いほど政党助成金が増えるしくみ」（23人），「政党によるクオータ制」（22人），「政党による女性候補者への研修等の支援」（21人）の順であった。「政党によるクオータ制」についても，具体的な数値を示した15人のうち，8人が「50％」と回答した。さらに，「政党からの女性候補者への財政支援」をあげたのは，18人であり，「その他」の回答が4人みられた。

⑷　本シンポジウムに対する自由意見

アンケートに寄せられた自由意見の内容は多岐にわたっているが，紙幅の都合でそのすべてを紹介できないため，以下では，比較的多く意見が寄せられたトピックスを，⑴シンポジウムの内容，⑵政治の場における男女共同参画社会の展望，⑶男女がともにつくる民主政治への普及・啓発の3項目に分けて，聴講者の意見や感想を示すことにしたい。

⒜　シンポジウムの内容について

まず第1部については，「①理念の力，②ロビーの力，③アドボカシーの力（三浦まり報告）は，今後のジェンダー平等を進める『法成立』の基本条件であることを強く感じた」（女性：70歳以上）や，「現在のところ，候補者同数を目標にしているようだが，武田報告にあったように，勝てる見込みのある選挙区でなければあまり意味がないのではないかと思う」（男性：50歳代）など，個別報告に対する具体的なコメントが示された。

また，「パリテという概念を初めて知った」（女性：20歳代）や，「クオータ制，パリテについてよくわかった」（男性：40歳代）という感想のほか，「パリテ・アカデミーの考えに賛成する」（性別不明：60歳代），「パリテ・アカデミーの取組みについて興味深い」（女性：40歳代）など，パリテへの関心が高まったようすがうかがえる。

第2部については，「各党女性議員の発言と，Q&Aも大変興味深かった。各党のgood exampleを共有し，超党派で前進してほしい。フロアからの質問も刺激的で勉強になった。応答もよかった。全体として，『多様な女性たちのパワー』を実感した。『203050の実現』であろう」（女性：70歳以上）という意見のほか，「地道な活動の効果が徐々に出てきていることを，報告を聞きながら感じた」（女性：70歳以上），また，「党派を超えたパネルディスカッションは，女性議員の意気込みが感じられ，勇気づけられた」（女性：50歳代），「第2部で大変前向きな発言が女性議員から出た。それをぜひ実行に移していただきたい。国民の意識改革ありきではなく，今の政党の幹部の意識こそ変えてほしい」（女性：50歳代）など，これまでの着実な歩みの評価と，将来への期待を込めた意見が示された。

(b)　政治の場における男女共同参画の展望について

比較的若い世代の聴講者からは次のような意見が述べられた。「女性議員/女性の政治参加は，数だけでなく（数は第一歩だと思う），参加プロセスのなかで女性の意見や提案がどれだけ採用され，聴かれ，聴こえるかということも不可欠で重要だと思う」（女性：20歳代）。「女性議員を増やすには，地方議会の取組みと地域社会の変化，選挙制度の見通しが求められる。また，政党問題等も与党の焦りを引き起こす」(男性：20 歳代)。「政治における男女共同参画には，課題が多いと感じた。本当の意味で平等にしていくためには，私たち世論も大切だということをあらためて感じた」(女性：40 歳代)。「女性は，やはり細かいことに気づき，丁寧であると思う。そういう人間が政治を担うことが大切であると思う。意識の壁というものが，自分を含めてあるとするなら，数値目標を掲げ，やってみて，自信につなげていくことも一つの方策であると思った。ドイツのメルケルさんのように，魅力的な政治家が日本でも増えれば，次につながっていくと思った」(女性：40 歳代)。

その他の世代からは，「各党の議員を呼んで話を聞けたことが，聴衆にとっても議員・政党にとってもよかったと思う（女性：60 歳代)」，「閣僚 3～4 割を女性に」(女性：60 歳代)，「野党のがんばりが重要だと思う」(女性：70 歳代)，「現実の政党の状況が，これまでをつくってきたのであるから，この選挙でどう変わっていくのか，よく見ていくことが大事だと思う」(女性：60 歳代）など，過去をふまえた上で未来への展望が示された。

(c) 男女がともにつくる民主政治への普及・啓発について

今回のシンポジウムのような活動をどのように社会のなかに広げていけばよいかという点についても，会場の声から具体的な提案が寄せられた。たとえば，「このようなシンポジウムを今後も開催してほしい」(女性：50 歳代）という要望のほか，「本日のような会をもっと開催していくことで，女性議員を増やす活動を促進できるのではないか。広く今日話された内容が，テレビを含めてメディアで報道されると良いと思う」(女性：50 歳代）という指摘があった。

また，「こういう会議に来られない女性にどう広げていくか，どう自信を共有していくか，もっと話したい」(女性：60 歳代）という要望もみられた。この点に関して，「東京に出て来られない女性も多いので，各地の男女共同参画センターと政治学研究者が組んで，同様のアカデミーを各地で実施すべきだと思う」（女性：40 歳代）という具体的な提案が示された。

他方，「議論よりもまず実践で第一歩を踏み出す。勇気ある志と情熱ある志を持つ若者を育ててエールを送る仲間づくりが必要である」（男性：70 歳以上）という意見があった。そのほか，シンポジウムへの参加者について，「第 1 部の報告者全員が女性というのはなぜかと思った」（男性：60 歳代），「男性議員にも来てもらえればよかったと思う」（女性：60 歳代），「男性議員を集めた討論も聞きたい」（女性：40 歳代），「もう少し男性の参加者が多いとよかったかもしれない」（性別・年齢不明），など，より男性の参加をうながすべきとの意見もみられた。

さらに，「欧米諸国では，中流，上流の人々が男女平等に熱心であるのに，日本では，その層の人々が無関心だから男女平等が進まないと肌で感じる。（中略）大学教授，とくに政治・経済の学問を志す人達は，理論を磨くだけではなく，実際に国会議員になって現実を変える覚悟が必要である。机上の空論ではなく，理論と実践を現実のものにしてほしい」（女性：70 歳以上）という意見もあった。

そのほかにも，シンポジウムの進行方法に関する改善点や，一般公開のシンポジウムに合わせて，専門用語についてより詳しく解説すべきという意見など，運営方法にかかわる指摘もあった。これらの課題については，十分検討を加え，今後のシンポジウムに活かしていきたいと考えている。

おわりに

吉田克己

本書は，2019年4月6日に開催された日本学術会議シンポジウム「男女がともにつくる民主政治を展望する」を基に編まれたものである。2018年5月に「政治分野における男女共同参画候補者均等法」（候補者均等法）が成立・施行されてからほぼ1年，一斉地方選挙のただ中で，夏には参議院選挙という国政選挙を控えた時期でのシンポジウム開催であった。約1年間の経験を総括し，今後を展望する上で，まことに時宜を得た開催であったと言ってよい。また，内容的にもきわめて充実していたことは，本書の内容を見て頂ければ直ちに了解していただけるものと考える。ポジティブ・アクションを多面的に深めていただいた第1部の登壇者・執筆者の皆様，そして，ご多忙中シンポジウムに参加の上，貴重なご発言をいただき，第2部において積極的なご提言をいただいた国会議員の皆様に，心からの御礼を申し上げたい。

それでは，本シンポジウムにおいて何が明らかになったであろうか。私は，このシンポジウムの閉会挨拶において次の4点を指摘した。それを，ここで改めて指摘しておきたい。

第1に，日本は，この領域において世界最下位とも言うべき遅れた状況にあることが，このシンポジウムを通じて改めて明らかになった。この事実を明確に踏まえることが，すべての出発点となる。

第2に，日本が遅れているということは，他の諸国は，日本と比較してそれなりに進んでいるということである。しかし，そのような前進が自動的に達成されたわけではないこともまた，このシンポジウムの中で明らかになった。前進の背後には，市民を中心とする膨大な努力があったことを忘れてはならない。

第3に，そうであれば，日本でも，努力すれば事態は前進するということである。逆に言えば，努力しなければいつまでたっても事態は改善しないということである。昨年の「候補者均等法」の成立は，まさにそのための努力の第一歩を意味するものであった。

最後第4に，しかしながら，努力はまだ始まったばかりである。これからその努力を継続し，発展させる必要がある。そのためには，まず政党の本気度が試されるであろう。本書にご寄稿いただいた国会議員の皆様にも，この点でのご奮闘を期待したい。また，政党だけで問題が前進するわけではない。市民の努力も要請される。実際に，この領域での市民の各種の努力があることは，シンポジウムの中でも指摘された。この努力を継続することが必要である。

そのようにして，日本における民主主義の実質を獲得していくことが強く期待される。本書がそのために多少なりとも寄与しうることを願っている。

〔参考資料篇〕

資料１　政治分野における男女共同参画の推進に関する法律　関連

⑴「政治分野における男女共同参画の推進に関する法律」全文

法律第二十八号（平三〇・五・二三）

（目的）

第一条　この法律は，社会の対等な構成員である男女が公選による公職又は内閣総理大臣その他の国務大臣，内閣官房副長官，内閣総理大臣補佐官，副大臣，大臣政務官若しくは大臣補佐官若しくは副知事若しくは副市町村長の職（次条において「公選による公職等」という。）にある者として国又は地方公共団体における政策の立案及び決定に共同して参画する機会が確保されること（以下「政治分野における男女共同参画」という。）が，その立案及び決定において多様な国民の意見が的確に反映されるために一層重要となることに鑑み，男女共同参画社会基本法（平成十一年法律第七十八号）の基本理念にのっとり，政治分野における男女共同参画の推進について，その基本原則を定め，並びに国及び地方公共団体の責務等を明らかにするとともに，政治分野における男女共同参画の推進に関する施策の基本となる事項を定めることにより，政治分野における男女共同参画を効果的かつ積極的に推進し，もって男女が共同して参画する民主政治の発展に寄与することを目的とする。

（基本原則）

第二条　政治分野における男女共同参画の推進は，衆議院議員，参議院議員及び地方公共団体の議会の議員の選挙において，政党その他の政治団体の候補者の選定の自由，候補者の立候補の自由その他の政治活動の自由を確保しつつ，男女の候補者の数ができる限り均等となることを目指して行われるものとする。

２　政治分野における男女共同参画の推進は，自らの意思によって公選による公職等としての活動に参画し，又は参画しようとする者に対するこれらの者の間における交流の機会の積極的な提供及びその活用を通じ，かつ，性別による固定的な役割分担等を反映した社会における制度又は慣行が政治分野における男女共同参画の推進に対して及ぼす影響に配慮して，男女が，その性別にかかわりなく，その個性と能力を十分に発揮できるようにすることを旨として，行われなければならない。

3　政治分野における男女共同参画の推進は，男女が，その性別にかかわりなく，相互の協力と社会の支援の下に，公選による公職等としての活動と家庭生活との円滑かつ継続的な両立が可能となることを旨として，行われなければならない。

（国及び地方公共団体の責務）

第三条　国及び地方公共団体は，前条に定める政治分野における男女共同参画の推進についての基本原則（次条において単に「基本原則」という。）にのっとり，政党その他の政治団体の政治活動の自由及び選挙の公正を確保しつつ，政治分野における男女共同参画の推進に関して必要な施策を策定し，及びこれを実施するよう努めるものとする。

（政党その他の政治団体の努力）

第四条　政党その他の政治団体は，基本原則にのっとり，政治分野における男女共同参画の推進に関し，当該政党その他の政治団体に所属する男女のそれぞれの公職の候補者の数について目標を定める等，自主的に取り組むよう努めるものとする。

（実態の調査及び情報の収集等）

第五条　国は，政治分野における男女共同参画の推進に関する取組に資するよう，国内外における当該取組の状況に関する実態の調査並びに当該取組に関する情報の収集，整理，分析及び提供（次項及び第九条において「実態の調査及び情報の収集等」という。）を行うものとする。

2　地方公共団体は，政治分野における男女共同参画の推進に関する取組に資するよう，当該地方公共団体における実態の調査及び情報の収集等を行うよう努めるものとする。

（啓発活動）

第六条　国及び地方公共団体は，政治分野における男女共同参画の推進について，国民の関心と理解を深めるとともに，必要な啓発活動を行うよう努めるものとする。

（環境整備）

第七条　国及び地方公共団体は，政治分野における男女共同参画の推進に関する取組を積極的に進めることができる環境の整備を行うよう努めるものとする。

（人材の育成等）

第八条　国及び地方公共団体は，政治分野における男女共同参画が推進されるよう，人材の育成及び活用に資する施策を講ずるよう努めるものとする。

（法制上の措置等）

第九条　国は，実態の調査及び情報の収集等の結果を踏まえ，必要があると認めるときは，政治分野における男女共同参画の推進のために必要な法制上又は財政上の措置その他の措置を講ずるものとする。

附　則　この法律は，公布の日から施行する。

⑵　政治分野における男女共同参画の推進に関する法律案に対する附帯決議（参議院内閣委員会）

政府は，本法の施行に当たり，次の諸点について適切な措置を講ずべきである。

一　本法第五条（実態の調査及び情報の収集等）の規定に基づき，内閣府は，首長，閣僚，国会議員及び政党における女性の割合，議会における両立支援体制の状況，政党における女性候補者の状況，女性の政治参画への障壁等に関する実態調査，研究，資料の収集及び提供を行うこと。また，総務省は，地方公共団体の議会の議員及び長の男女別人数並びに国政選挙における立候補届出時の男女別人数の調査結果を提供するとともに，地方公共団体に対する当該調査等への協力の依頼を行うこと。

二　本法第六条（啓発活動）の規定に基づき行われる啓発活動に資するよう，内閣府は，国内外の政治分野の男女共同参画の推進状況に関する「見える化」を推進すること。

三　本法第七条（環境整備）の規定に基づき，内閣府は，国会及び地方議会における議員の両立支援体制等の環境整備に関する調査及び情報提供を行うこと。また，総務省は，地方議会において女性を含めたより幅広い層が議員として参画しやすい環境整備について検討を行うこと。

四　本法第八条（人材の育成等）の規定に基づき，内閣府は，各種研修や講演等の場において活用可能な男女共同参画の推進状況や女性の政治参画支援に関する情報等の資料の提供を行うこと。また，総務省は，内閣府と連携して男女共同参画をテーマとする啓発活動を実施するとともに，各種研修や講演等の場において各地方議会における「女性模擬議会」等の自主的な取組の紹介を行うこと。

右決議する。

⑶ 「政治分野における男女共同参画の推進に関する法律」 概要

http：//www.gender.go.jp/about_danjo/law/pdf/law_seijibunya01.pdf

一 目的 （第１条）

政治分野における男女共同参画を効果的かつ積極的に推進し、もって男女が共同して参画する民主政治の発展に寄与する。

二 基本原則 （第２条）

１．衆議院、参議院及び地方議会の選挙において、政党等の政治活動の自由を確保しつつ、男女の候補者の数ができる限り均等となることを目指して行われるものとする。
２．男女がその個性と能力を十分に発揮できるようにする。
３．家庭生活との円滑かつ継続的な両立が可能となるようにする。

↓ 基本原則にのっとり

三 責務等 （第３条及び第４条）

国及び地方公共団体の責務

政党等の政治活動の自由及び選挙の公正を確保しつつ、必要な施策を策定し、及び実施するよう努めるものとする。

政党その他の政治団体の努力

当該政党等に所属する男女のそれぞれの公職の候補者の数について目標を定める等、自主的に取り組むよう努めるものとする。

四 基本的施策

１．実態の調査及び情報の収集等（第５条）
２．啓発活動（第６条）
３．環境の整備（第７条）
４．人材の育成等（第８条）

五 法制上の措置等 （第９条）

実態の調査及び情報の収集等の結果を踏まえ、必要があると認めるときは、必要な法制上又は財政上の措置等を講ずるものとする。

※ 平成３０年５月２３日公布・施行

資料2　政党アンケート

(1) 政党アンケート質問票

（2019/02/01〜2019/02/25 実施）

1. 御党内に，政治分野における男女共同参画，あるいは女性候補者を増やすことを推進する部署はありますか。該当するものに○を付してお答えください。

（　）ア．ある　　　（　）イ．ない

1-1 「ある」とお答えの場合に伺います。

1-1-1　その部署の名称を教えてください。

1-1-2　上記部署で行っている活動の内容をご教示ください。

1-2 「ない」とお答えの場合に伺います。

1-2-1　今後，そのような部署を設けるご予定はありますか。該当するものに○を付してお答えください。

（　）ア．ある　　　（　）イ．ない

2. 2019年には，参議院議員通常選挙が予定されています。「政治分野における男女共同参画の推進に関する法律」の制定後，御党内で独自の女性候補者比率の数値を努力目標をとして設定されていますか。該当するものに○を付してお答えください。

（　）ア．設定している　　　（　）イ．設定していない

2-1 「設定している」とお答えの場合に伺います。

2-1-1　女性候補者比率をどのように設定されていますか。空欄に数値をご記入ください。

選挙区選挙・比例代表選挙全体で（　　　　%）設定している

選挙区選挙で（　　　　%）設定している

比例代表選挙で（　　　　%）設定している

2-1-2　参議院比例代表選挙特定枠を女性候補者のために活用する予定はありますか。該当するものに○を付してお答えください。

（　）ア．ある　　　（　）イ．ない

2-2 「設定していない」とお答えの場合に伺います。

2-2-1 御党所属の女性議員数を，現状より増やすためにどのような対策をされていますか。

3. 2019年には，統一地方選挙が予定されています。「政治分野における男女共同参画の推進に関する法律」の制定後，御党内で独自の女性候補者比率の数値を努力目標をとして設定されましたか。該当するものに○を付してお答えください。

（　　）ア．設定している

（　　）イ．設定しているところと設定していないところがある

（　　）ウ．設定していない

3-1 「設定している」「設定しているところと設定していないところがある」とお答えの場合に伺います。

3-1-1 女性候補者比率をどのように設定されているのですか。該当するものに○を付し，空欄に数値をご記入ください。

（　　）ア．党本部のイニシアティブで（　　　　　　%）設定している

（　　）イ．各地方組織の判断で設定している

3-1-2 上記の結果，全体としての女性候補者率はどのぐらいになりますか。空欄に数値をご記入ください。

（　　　　　　%）

3-2 「設定していない」とお答えの場合に伺います。

3-2-1 上記の決定はどのようになされたのですか。該当するものに○を付してお答えください。

（　　）ア．党本部の判断で設定していない

（　　）イ．各地方組織の判断で設定していない

3-2-2 御党所属の女性議員数を，現状より増やすためにどのような対策をされていますか。

4. 女性候補者の選定はどのように行われていますか。

4-1 女性候補者を公募していますか。該当するものに○を付してお答えく

ださい。

（　　）ア．公募している　　　　（　　）イ．公募していない

4-2　党本部または地方組織は,「政治分野における男女共同参画の推進に関する法律」の成立を受けて，女性に対して以前より積極的に立候補を要請していますか。該当するものに○を付してお答えください。

（　　）ア．要請している　　　　（　　）イ．要請していない

4-3　候補者を選定する部署において，女性比率はどの程度でしょうか。空欄に数値をご記入ください。

党本部　（　　　　　　%）あるいは（　　　　　人中　　　　　人程度）

地方組織のおよその平均　（　　　　　　%）

あるいは各組織（　　　　　人程度）

4-4　候補者を選定する部署に女性を含めていない地方組織がどの程度あると認識されていますか。該当するものに○を付してお答えください。

（　　）ア．すべての地方組織で女性は含まれている

（　　）イ．女性のいない地方組織が多少存在する

（　　）ウ．半分程度の地方組織には女性が含まれている

（　　）エ．多くの地方組織で女性は含まれていない

（　　）オ．党本部としては把握していない

4-5　女性の候補者のなり手を見つけるのは困難であるという声があります。

4-5-1　どのようにお考えですか。該当するものに○を付してお答えください。

（　　）ア．そう思う　　　　（　　）イ．そう思わない

4-5-2 「そう思う」とお答えの場合に伺います。上記困難は何に起因しているとお考えですか。

4-6　公認を決定する際の御党の判断基準について伺います。

4-6-1　御党では候補者のどのような経歴や能力を重視していますか。

4-6-2　男性候補と女性候補では求める経歴や能力に違いはありますか。違いがあるとしたらどのような点でしょうか。ご教示ください。

4-7　供託金は，候補者が準備すべきものであるとお考えですか。

（　　）ア．そう思う　　　　　（　　）イ．そう思わない

5.「政治分野における男女共同参画の推進に関する法律」（以下「本法律」という。）は，各政党の努力義務を規定し，強制力を欠いております。

5-1　政党の努力に報いるような，あるいは努力を促すような仕組みが必要だという意見があります。

5-1-1　諸外国で実施されている例として，①政党助成金の配分において女性候補者比率を考慮要素とし，一定割合を超える政党には助成金を増加する制度の導入，②現行の政党助成金の一部を男女共同参画推進（女性候補者育成等）の目的に利用する制度，などがあります。日本にも導入すべき，あるいは導入を検討すべきとお考えのものがありましたら，ご教示をお願いいたします。

5-1-2　政党の努力を公正に評価・公表する第三者機関を設けるという考えについて，どのようにお考えですか。該当するものに○を付してお答えください。

（　　）ア．賛成である　　　　　（　　）イ．反対である

5-2　本法律の理念をより実効的にするために，選挙の仕組みを変えたほうが良いという意見があります。この意見についてどのようにお考えですか。該当するものに○を付してお答えください。

（　　）ア．賛成である　　　　　（　　）イ．反対である

5-2-1「賛成である」という場合についてお尋ねします。諸外国で実施されている例として，①比例代表選挙における候補者名簿の男女交互式の導入，②小選挙区選挙における「ペア投票」（隣接する2つの選挙区で，男女の候補者をペアにして立候補させ，選挙の際にペアごとに投票する制度）の導入，③選挙時に正候補者のほかに，正候補者とは異なる性の副候補者を立て，正候補者に事故などがあって議員活動ができない万一の場合に代位させる制度の導入，などがあります。日本にも導入すべき，あるいは導入を検討すべきとお考えのものがありましたら，ご教示をお願いいたします。

5-3　本法律は国民に対する啓発活動の必要性も論じております。御党では，党のホームページの作成やパンフレットの作成などの広報活動で，本法律に関する啓発活動を行う方針を定めていらっしゃいますか。該当するものに○を付してお答えください。

（　　）ア．そのような方針をとっている

（　　）イ．そのような方針をとっていない

5-4　本法律は人材育成の必要性も論じております。御党では，スクールや研修などによって女性新人候補の養成をおこなっていますか。該当するものに○を付してお答えください。

（　　）ア．女性を対象とするスクールを開設している

（　　）イ．今後，女性を対象とするスクールを開設する予定だ

（　　）ウ．特に予定はない

（　　）エ．その他

5-4-1 「その他」のお答えの場合について伺います。具体的にどのような方法をとられているのですか。ご教示をお願いします。

⑵　政党アンケート回答（概要）（2019年2月25日までに回答があったもの）

政党名	1推進部署	2参院選女性枠	3地方選女性枠	4女性候補選定	5　PA導入
自民党	1　アある 組織運動本部女性局 1-1-2 ＊	2　イない 2-1-2　イない 2-2-1 ＊	3　エ（その他）＊	4-1　ア公募あり＊ 4-2　ア要請あり＊ 4-3 ＊ 32人中4人 4-4　イ 4-5-1　イ 4-6-1 ＊　4-7　イ	5-1-1 ＊ - 5-1-2　イ反対 5-2　イ反対 5-3　ア 5-4　ア

立憲民主党	1 アある ジェンダー平等推進本部・女性候補者擁立推進チーム 1-1-2 「女性候補者擁立（第1次）プラン」をご参照ください ＊	2 ア設定あり 2-1-1 比例40% 2-1-2 イない 2-2-1 ＊	3 設定あり 3-1-1 党本部 40% 3-1-2 現在27% 3-2-2 対策＊	4-1 ア公募あり 4-2 要請あり 4-3 5人中2人 4-4 オ 4-5-1 イ 4-5-2 ＊ 4-6-1 ＊ 4-6-2 ＊ 4-7 イ	5-1-1 それらを含め，今後，事例の研究を進めたいと存じます 5-2-1 ＊ 5-3 ア方針あり 5-4 ア スクール開設
国民民主党	1 アある 男女共同参画推進本部	2 ア設定あり 選挙区選挙・比例代表選挙全体で30%	3 ア設定あり 3-1-1 党本部のイニシアティブで（30%） 3-1-2 （15〜20 %）となる予定	4-1 公募あり 4-2 要請あり 4-3 党本部（16 %，または25人中4人程度） 4-4 ウ．半分程度の地方組織には女性が含まれる 4-5-1 ア 4-5-2 ＊ 4-6-1* 4-6-2 違いなし 4-7* イ	5-1-2 ア賛成 5-2 ア賛成 5-2-1* 5-3 ア 5-4 ア
希望の党	1 イない 小さな政党の為難しい	2 ア設定あり 全体で30%	3 ア設定あり 3-1-1 党本部30% 3-1-2 30%（現状は18人中4人）＊	4-1 ア公募あり 4-2 ア要請あり 4-5-1 ＊ 4-7 ケースバイケース	5-1-2 ア賛成 5-2 ア賛成 5-2-1 しいてあげれば②「ペア投票」 5-3 イ 5-4 イ
維新の会	1 アある 女性局 1-1-2 ＊	2 イ設定なし 検討中	3 ウ設定なし	4-1 ア公募あり 4-3 23人中3人 4-4 オ 4-5-1 ア＊ 4-7 ア	5-3 イ 5-4 ウ

社民党	1　イない 1-2-1　イない	2　イ設定なし 2-2-1　女性に特化した対策なし	3　ウ設定なし 3-2-1　ア本部の判断で設定なし 3-2-2　男女平等の観点から，女性のみを増やす対策はしていない	4-2　要請あり 4-3　8人中1人 4-4　イ 4-5-1　イ 4-6-1　特になし 4-6-2　特になし 4-7　イ	5-1-1 * 5-1-2　ア賛成 5-2-1 * 5-3　イ 5-4　ア
共産党	1　アある 女性委員会 1-1-2 *	2　ア設定あり 2-1-1 全体，選挙区，比例とも50% 2-1-2　イなし 2-2-1 *	3　ア設定あり 3-1-1 党本部のイニシアティブで（50%） 3-1-2 1月21日現在，41.2%	4-1　イ公募なし 4-2　ア要請あり 4-3 党本部16%，地方組織28.0% 4-4　ア 4-5-1　イ 4-6-1 * 4-6-2 * 4-7　イ	5-1-1 * 5-1-2　ア賛成 5-2-1 * 5-3　ア 5-4　エ 5-4-1 *

〔個別回答〕

1-1-2　活動の内容

自民党　女性局では，女性の政治参加を促すため，定期的に研修会や講演会を開催しています。併せて，全国的な啓もう活動として，各地方支部と連携してパンフレットの配布や街頭活動なども行っています。政策面では，女性の声を国政に届けるための意見交換会を各地で開催しており，それらの声をもとに，子育て支援，児童虐待防止，女性活躍社会など女性や家庭に関する政策の推進に取り組んでいます。

立憲民主党　「女性候補者擁立（第１次）プラン」をご参照ください。

女性候補者公募窓口 https：//cdp-japan.jp/information/koubo_20181221

立憲民主党パリテ・ナウ関連 https：//cdp-japan.jp/series/parite_

now

国民民主党　党規約23条2項に定める機関として設置。同23条1項で，国民民主党は，「男女共同参画社会の実現を目指し，公職の候補者の擁立をはじめとする党の運営及び活動について，両性のバランスのとれた参画の機会が保障されるよう努める」としており，男女共同参画推進本部は女性候補者の擁立に向けた活動や，党の男女共同参画に関わる活動を担っています。

維新の会　女性の視点で，各級選挙における女性候補者の発掘を精力的に行い，女性局ならではの支援策や政策立案能力のサポートをし，社会の多様化，男女の区別なく活躍できる社会の実現を目指した提言を行うなどしている。

日本共産党　政策・方針決定の場への男女の平等な参加，女性の政治参加の推進などを含む，女性に関する政策の研究・立案を中心に行っています。女性候補者を増やすことに関しては，党員としての学習や成長への援助を重視し，女性が議員や党機関の役員として力を発揮できるよう，党内の関係部局と連携してすすめています。

2-2-1　女性議員を増やすための対策

自民党　公募を活用するなど男女の別のないオープンで透明な候補者選考を行っています。また，公認候補者を確実に当選させるよう，党を挙げて支援体制を構築しています。さらに，党女性局役員，党所属女性国会議員による女性候補者への応援弁士派遣に加え，政策パンフレット「やさしさはちから」，のぼり旗，ジャンパー，Tシャツなどの女性局共通選挙グッズによる活動支援を行っています。

立憲民主党　①女性議員候補の公募を行っている。②党本部の女性候補者擁立推進チームに加え，核都道府県連に女性候補者擁立担当者をたて，女性候補者擁立に尽力をしている。

日本共産党　①男女半々の目標に近づけるよう努力しています。日本共産党は党員の半数近くが女性であり，すでに地方議会では全国1000人を超える女性議員が活動していますが，国政においても党の議席を前進させ，女性議員を増やしたいと考えています。②議員・候補者活動と家庭を両立させるための支援，議員の相談窓口の設置など，女性が議員・候補者として安心して活動できる条件づくりに努めています。選挙活動は党の責任で運営し，立候補や選挙活動で候補者個人の財政的負担はありませんが，女性候補者への援助をひきつづき重視していきます。

3　統一地方選の女性候補者比率目標値

自民党（エその他）　まずは各級議会選挙において，女性候補が一人はいる状況をつくりだすよう，地方組織に要請そしています。また，公募などを活用し男女の別のないオープンで透明な候補者選考を行うよう地方組織に要請しています。また，女性を含む公認候補者を確実に当選させるよう，党を挙げて支援体制を構築しています。さらに，党女性局役員，党所属女性国会議員による女性候補者への応援弁士派遣に加え，政策パンフレット「やさしさはちから」，のぼり旗，ジャンパー，Tシャツなどの女性局共通選挙グッズによる活動支援を行っています。

3-2-2 女性議員数を増やすための対策

立憲民主党　①女性議員候補の公募を行っている。②党本部の女性候補者擁立推進チームに加え，各都道府県連に女性候補者擁立担当者をたて，女性候補者擁立に尽力をしている。

希望の党　党主催の政治塾や選挙セミナーに女性が参加するよう促す。出馬意向のある女性に対して，党所属の女性議員が個別に相談に応ずる，など。

維新の会　このような方策は，却って，女性を特別扱いすることになり，男女平等の理念にもとることになりかねない。

4-1　女性候補者公募

自民党　公募対象の選挙区においては，男女にかかわらず有為な人材を募集しています。

4-2　女性に対する立候補の要請

自民党　一般女性を対象とした政治講座や女性対話集会，各級女性議員を対象とした研究会などを精力的に開催し，女性の政治参画の意欲を高めています。まずは各級議会選挙において，女性候補が一人はいる状況をつくりだすよう，地方組織に要請しています。
維新の会　法律の成立の前から，常時，積極的に女性候補者発掘に努めてきている。

4-3　候補者選定部署の女性比率

自民党　地方組織は選定組織の規模に各県違いがあり，また会議に際して支部などから定められた割合の委員を選出する組織もあるため，一定していません。

4-5-1　候補者を見つける困難

維新の会　出産，子育ては勿論，家事にとられる時間が男性より圧倒的に長くハンディがある。①元々，社会に於いて，公的な役職に就いている割合が男性より低い。②斯かる社会構造を抜本的に改善しなくてはならないが，容易なものとは言えない。

4-5-2　困難の原因

立憲民主党　この機会を待っていたかのように，全国で元気で優秀な女性が次々と立候補してくださっています。 一方で，以下のような理由で立候補を決意できない女性も数多くいます。①選挙資金の準備が難しい　②ストーカーリスクを考えると，事務所を自宅以外に構える必要があり，資金がかかる　③支持を得るため，セクハラ的なことに強く反撃できない　④子育てとの両立が難しい　⑤ゴシップのネタにされるのが怖い　⑥現在の仕事を辞めて立候補するリスクが高い。
希望の党　政党の活動に参加する女性が少ない。政治に関心があっても自ら政治家になる意欲のある女性が少ない。
国民民主党　経済的，社会的，心理的な多くの障壁が存在しますが，中でも社会に根強く残る固定的な性別役割分担意識が女性の立候補の大きな妨げとなっていると考えます。加えて，女性が議員活動を続けていくための環境整備も遅れており，「2 期目の壁」も存在します。また，候補者を選考するメンバーが全員男性であることが多く，候補者になりうる女性との接点も無ければ，女性に目が向きにくい状況があります。

4-6-1　重視する候補者の経歴や能力

自民党　たとえば，公募を行う際には以下のような基準に当てはまる人物を募集しています。① 21 世紀の政治を考え，活動できる人であること。②清新・清潔な人であること，③広い見識を有する人であること，④信念と情熱のある人であること，⑤卓越した政策能力を有する人であること。
立憲民主党　特定の経歴や能力を重視するのではなく，政治を志すにあたっての理由，立憲民主党に参加して，何を課題として，どのような取り組みをしたいか，また，その目標を実現するにあたっての自分自身の強さと弱さへの認識など，政治家となって有権者の声を吸収し，メッセージを発信し，繋がりをつくるための資質を見極めることを重視しています。
維新の会　きちんと面談をし，綿密なリサーチを行い，経歴や学歴等から抱かれる先入観を払拭して，総合的に判断している。
国民民主党　巨大与党に立ち向かう気概と，国民各層のニーズに答えうる専門性を持っていることを重視しています。

希望の党　コミュニケーション能力

日本共産党　日本共産党は国民の利益を守り，その苦難の軽減のために活動しています。議員・候補者は，その先頭に立ち，国民，住民の願いに誠実にこたえて，憲法を守り，国民が主人公，反戦平和，人権擁護，男女平等，くらしと福祉を守るために活動することが大切だと考えています。

また市民的社会的なモラルを守り，活動を通じて，まわりの人々から信頼を得られることを，党の候補者・議員としてふさわしいかどうかを判断するうえで重視しています。真面目に活動している党員であれば，基本的には誰でも候補者になることが可能だと考えています。候補者の経歴は様々ですが，地方議員候補者については，党の機関と基礎組織である支部がよく相談し，集団的に決めています。

4-6-2　男性候補と女性候補の違い

自民党　求めるものに男女の違いはありません

立憲民主党　基本的に男女で候補者に求める経歴や能力に違いを求めてはいません。基本的な観点は，上記の質問への回答のとおりですが，意識していることで言えば，女性候補の場合は，政治への関わりに距離感があり，素晴らしい意見や経歴があっても，政治とは距離をおいたり，自分自身に自信を持てなかったりする傾向が強いので，とにかく自信を持ってもらうよう，エンパワーメントに配慮しているつもりです。

希望の党　特に違いはない。

日本共産党　男女の候補に求める経歴，能力に違いはありません。

4-7　供託金は候補者が準備すべきか

国民民主党　（イ．そう思わない）　党籍を有する候補者が立候補する場合，党の看板を背負って選挙に出馬し，当選後は党所属議員として活動することを前提として考える観点から，供託金は個人が準備するものではなく党が準備するものと考えます。

5-1-1　諸外国のポジティブ・アクションのうち導入すべきもの

自民党　上記のような仕組みは本法律で規定する選挙活動の自由や選挙の公正を歪める恐れがあります。わが党は，特効薬を追求するのではなく，候補者となりうる女性や政治分野において今後活躍し得る女性を育成するなど，着実に視野の拡大を図ることが重要と考えています。これまでの地道な活動のもと，最も女性党員の多い政党となっています。

国民民主党　まずは法律に則り，各政党がどこまで努力義務を自主的に果たすかを見極めた上で，必要があれば，さらなる仕組みを検討すべきと考えます。

希望の党　政党助成金をインセンティブとして活用することはひとつの選択肢ではあるが，大政党に対する効果は限定的ではないか。諸外国での事例を研究し，日本において有効かどうか，検証する必要がある。

維新の会　このような方策は，却って，女性を特別扱いすることになり，男女平等の理念にもとることになりかねない。自然な形で，女性議員が増すよう努力すべき。

社民党　罰金や政党への交付額を減額する国もあると聞きます。①や②は，財政がこころもとない小政党にも魅力的な制度だと感じますが，財源が伴う制度ですので，諸外国での効果や評価を検証することも必要だと思います。

日本共産党　立候補者を立てる際に莫大な費用がかかる供託金制度について，改善，大幅減額するべきだと考えます。高すぎる供託金制度は，女性の政治参加をすすめるうえでの大きな障害となっています。私たちは，そもそも憲法違反の政党助成金制度は，廃止を求めています。その立場から，政党助成金は受け取っていません。

5-2-1　ポジティブ・アクション導入の方針

立憲民主党　選挙の仕組み改革に関しては，情報が十分にないため，今後研究を進めたいと存じます。これとは別に女性が立候補しやすい環境づくりのため，以下の法案の検討を進めています。

- 立候補休職制度法案
- 供託金引き下げ法案
- 議員の出産・育児など環境整備法案

国民民主党　2016年の通常国会に，民進党が単独で衆議院に提出した，衆院選の比例代表選挙にクオータ制を導入するため，同一順位の重複立候補者を性別等の観点でグループ化し，グループ順に当選人を割り当てる仕組みを選択的に導入できるようにする「公職選挙法改正案」を，再度見直し，提出を検討します。

社民党　比例名簿の奇数順位を女性とする制度を採る国もあると聞きます。昨年成立した本法律の着実な実施を図り，各党の取組み状況をしっかりチェックしていくことも必要で，この作業と並行して，新たに必要な制度の検討を行わなければなりません。また，LGBTの方の候補者擁立にも努力していきたいと考えます。

日本共産党　まずは，民意を公正に反映できない現在の小選挙区制の選挙制度を変えて，比例代表制度を中心とする制度への抜本的な改革が必要だと考えます。諸外国を見ても，女性議員比率の高い北欧では，比例代表制度をとっています。かつて小選挙区制度の導入に賛成した政党関係者や国民の中からも，小選挙区制への批判が出されており，国民のなかの多様な民意を公正に反映できる制度への議論をおこない，比例代表制度への改革をすすめることが急がれていると考えています。

5-4　女性候補者養成，その他

日本共産党　女性党員の学習講座の開催など。地方の党組織では，女性党員対象の学習講座をさまざまなテーマで開催しています。毎年女性合宿を開いている県（今年で40回目）では，女性党員が月々1000円を積み立て，学習と交流を期待して参加しています。この県では，県議5人のうち4人が女性です。

〔追加回答〕

政党アンケート回答・追加分（2019年2月27日～3月1日受付分）

政党名	1 推進部署	2 参院選女性枠	3 地方選女性枠	4 女性候補選定	5 PA導入
自由党	1 イない 1-2-1 予定なし	2 ア設定あり 選挙区選挙・比例代表選挙全体で 50% 2-1-2 イない 2-2-1 候補者自体の女性割合が低くならないよう積極的に立てる努力をしている。	3 イ（設定しているところと設定してないところがある） 3-1-1　イ 各地方組織の判断で設計 3-1-2 50%となる予定	4-1 ア公募あり＊ 4-2 ア要請あり 4-3　50% 4-4 イ 4-5-1 イ 4-6-1　本人のやる気 4-6-2　違いはない 4-7 ア	5-　1-1　政党が努力し，有権者がそれを評価すればよい 5-1-2 どちらともいえない 5-2　どちらともいえない 5-3　イ　方針なし 5-4　エ（その他）
公明党	1 アある 女性委員会 1-1-2 ＊	2 イ設定なし （2019年2月現在，女性比率20%） 2-1-2 イない 2-2-1 ＊	3 ウ設定なし 3-2-1 党本部の判断で設定していない （2019年1月末現在，女性比率30%以上） 3-2-2 対策＊	4-1 ア公募なし 4-2 要請あり 4-3 ＊，4-4 オ 4-5-1 ア 4-5-2 ＊，4-6-1 ＊ 4-6-2 違いはありません 4-7 ア	5-1-2　イ反対である 5-2　どちらともいえない 1-3　ア方針あり 1-4　アスクール開設

個別回答　**公明党**　　1-1-2 活動の内容　公明党女性委員会では，あらゆる分野で女性の参画を推進し，女性の視点からの政策実現に取り組んでいまいりました。昨年に成立した「政治分野における男女共同参画推進法」においては，超党派の議員連盟副会長であった党女性国会議員が法案作成の要として尽力しました。 現在，地方議員においては，地域に根ざして活躍している女性に光をあてて，党の地方組織はじめ各界のあらゆるネットワークから推薦をもらうことで，女性議員の割合が3割を超えました。 国会議員の場合は専門的な知識を持つ人や，あらゆる分野で活躍している人材を輩出する ことを念頭におき候補者を選定。今後も女性議員が3割を占める政党として，男女共同参画の取り組みをリードしていきたいと思います。

2-2-1　参院選で女性議員数を増やすための対策　専門的な知識を持つ人や，あらゆる分野で活躍している人材を輩出することを念頭におき候補者を選定しています。 一人ひとりの不安や課題の解決にきめ細かく相談に乗りながら，今後も女性議員が3割を占める政党として，男女共同参画の取り組みをリードしていきたいと思います。

3-2-2　地方選で女性議員数を増やすための対策 男女ともに「新人候補研修」を行い，女性議員やＯＧ議員が相談にのって細かな支援ができる体制をとっています。 女性が政治分野へ進出する際は，仕事や子育て，介護など，様々な課題を抱える中で，大変な決断をしなければなりません。 一人ひとりの不安や課題の解決にきめ細かく相談に乗りながら，女性候補の発掘に努めています。

4-3　候補者選定部署の女性比率　候補者の公認・推薦は党本部ならびに県本部候補選考委員会で検討されています。しかし，候補選考委員会は常設機関でないため女性比率は不明です。

4-5-2　困難の原因仕事や子育て，介護等との両立が難しいと感じている方が多いと思います。

4-6-1　経歴や能力公明党の理念に共感する有為な人材であるかどうかを総合的に判断しています。

資料3　数字で見る政党と女性議員〔紙谷雅子作成〕

(1)　国政選挙における女性候補者と当選者

表1　2017年10月22日衆議院議員選挙とその結果

	女性候補者数	全候補者数	立候補者女性比率(%)	女性当選者数	議席数	当選議員における女性比率(%)	女性当選確率(%)
自由民主党	25	332	7.5	20	281	7.1	80.0
立憲民主党	19	78	24.4	12	54	22.2	63.2
希望の党	48	235	20.4	2	50	4.0	4.2
公明党	5	53	9.4	4	29	13.8	80.0
日本共産党	58	243	23.9	3	12	25.0	5.2
日本維新の会	4	52	7.7	1	11	9.1	25.0
社民党	4	21	19.0	0	2	0	0
諸派	32	93	34.4	0	0	0	0
無所属	15	73	20.5	5	22	22.7	33.3
合計	210	1180	17.8	47	465	10.1	22.4

総務省第48回衆議院議員総選挙（届出政党等別男女別新前元別候補者数および届出政党等別男女別新前元別当選人数より作成）

表2　2019年参議院議員選挙とその結果

	女性候補者数	全候補者数	立候補者女性比率(%)	女性当選者数	議席数	当選議員における女性比率(%)	女性当選確率(%)
自由民主党	12	82	14.6	9	57	17.5	75.0
立憲民主党	19	42	45.2	6	17	35.3	31.6
公明党	2	24	8.3	2	14	14.3	100.0
日本維新の会	7	22	31.8	1	10	10.0	14.3
日本共産党	22	40	55.0	3	7	42.9	13.6
国民民主党	10	28	35.7	1	6	16.7	10.0
れいわ新選組	2	10	20.0	1	2	50.0	50.0
社民党	5	7	71.4	0	1	0	0
N国民を守る	5	41	12.2	0	1	0	0
諸派	4	46	6.7		0	0	
無所属	11	31	35.5	4	9	44.4	36.4
合計	104	370	28.1	28	124	22.6	26.9

総務省第25回参議院議員通常選挙（届出政党等別男女別新前元別候補者数および届出政党等別男女別新前元別当選人数より作成）

表 3　2019 年参議院議員選挙による勢力分布の変化

	2016年参議院議員選挙結果			2019年参議院議員選挙結果		
	女性当選者数	女性議員数	女性比率（%）	女性当選者数	女性議員数	女性比率（%）
自由民主党	10/55	19/121	15.7	9/57	19/113	16.8
民進党	7/32	11/49	22.4			
国民民主党				1/6	7/21	33.3
立憲民主党				6/17	9/32	28.1
日本共産党	2/8	5/14	35.7	3/7	5/13	38.4
公明党	3/14	5/25	20.0	2/14	5/28	17.9
おおさか維新の会	2/7	3/12	25.0			
日本維新の会				1/10	3/16	18.8
社民党	1/1	1/2	50.0	0/1	1/2	50.0
日本のこころ				0/0		
希望の党					0	
沖縄の風					0	
生活の党・山本太郎	1/1	1/2	50.0			
れいわ新選組				1/2	1/2	50.0
碧水会					2/2	100
みんなの党		2/8	25.0		0	
諸派		2/2	100.0			
無所属・各派に属しない	2/5	0/2	0	4/9	3	
合計	28/121	50/242	20.6	28/124	56/245	22.9

総務省第 24 回及び第 25 回参議院議員通常選挙　（届出政党等別男女別新前元別候補者数および届出政党等別男女別新前元別当選人数より作成）

表 4　衆議院と参議院の政党別女性議員数と割合（2019 年 12 月現在）

衆議院を基準とした場合		参議院を基準とした場合	
人数	割合	人数	割合
自由民主党　20	共産党　25.0%	自由民主党　19	碧水会　100%
立憲民主党　12	立憲民主党　22.2%	立憲民主党　9	れいわ新選組　50%
公明党　4	公明党　13.8%	国民民主党　7	共産党　38.5%
共産党　3	日本維新の会　9.1%	公明党 5／共産党　5	国民民主党　33.3%
希望の党　2	自由民主党　7.1%	日本維新の会　3	立憲民主党　28.1%
日本維新の会　1	希望の党　4.0%	無所属　3	日本維新の会　18.6%
		碧水会　2	公明党　17.9%
		社民党　1／れいわ新選組　1	自由民主党　16.8%
計　46	10.1%	計　56	22.9%

⑵　政党アンケートから見る女性の擁立状況

表５　女性候補選定に関する政党ごとの施策

	公募	積極的に立候補を要請	選定部署の女性比 本部／地方組織	全ての選定部署に女性がいる？	女性候補者が見つからない？	公認判断基準	供託金個人？
立憲民主党	Y	Y	40.0%	不明	沢山いるが，問題も多い	男女に差はなく、政党の理念理解を重視	N
日本共産党	N	Y	16%/28.0%	いる	いる		N
自由民主党	Y	Y	12.5%	いないところも	いる		N
公明党	N	Y	常設ではない	不明	困難 さまざまな負担との両立		N
国民民主党	Y	Y	16.0%	半分	困難 固定的役割分業意識が問題		N
日本維新の会	Y	Y	13.0%	不明	困難 家事・公的役職・社会構造		Y
希望の党	Y	Y			意欲のある人が少ない		Y/N
社会民主党		Y	12.5%	いないところも	いる		N
自由党	Y	Y	50.0%	いないところも	いる		N

表６　2019 年４月の統一地方選挙について

	女性候補者比率数値努力目標	党本部による設定	地方組織の判断
立憲民主党	ある	40% 現状は　27%	
日本共産党	ある	50% 現状は　41.2%	
自由民主党	ある	最低１人は……	
公明党	ない		
国民民主党	ある	30% 現状は？ 予定は　15～20%	
日本維新の会	ない	このような方策は却って女性を特別扱いすることになり，男女平等の理念に悖る	
希望の党	ある	30% 現状は　22.2%	
社会民主党	ない	本部の判断で「ない」	
自由党	あるところとないところがある		各地方組織の判断で 予定は　50%

表7　2019年参議院議員選挙における数値目標について

	数値目標		比例代表選挙特定枠を女性のために活用
立憲民主党	ある	比例　40%	ない
日本共産党	ある	全体・選挙区・比例全てにおいて50%	
自由民主党	ない		ない
公明党	ない	現在　20%	ない
国民民主党	ある	全体で30%	
日本維新の会	ない		検討中
希望の党	ある	全体で30%	
社会民主党	ない		女性に特化した対策はない
自由党	ある	全体で50%	ない

女性の参画が政治を変える
――候補者均等法の活かし方――

2020(令和2)年2月25日　第1版第1刷発行

©編著者　辻村みよ子
三浦まり
糠塚康江

発行者　今井貴・稲葉文子
発行所　株式会社　信山社
〒113-0033　東京都文京区本郷6-2-9-102
Tel 03-3818-1019　Fax 03-3818-0344
笠間才木支店　〒309-1611　茨城県笠間市笠間515-3
Tel 0296-71-9081　Fax 0296-71-9082
笠間来栖支店　〒309-1625　茨城県笠間市来栖2345-1
Tel 0296-71-0215　Fax 0296-72-5410
出版契約 2020-8646-01011

Printed in Japan, 2020 組版・翼／亜細亜印刷／製本・渋谷文泉閣
ISBN978-4-7972-8646-5　C3332　¥1600E 分類 310.000
p.228　8646-01011:012-010-005